Berta Isselmann/Adolf Wunderlich

W0065283

„Der Sieg geht weiter"

BRUNNEN VERLAG · GIESSEN/BASEL

ABCteam-Bücher erscheinen in folgenden Verlagen:
Aussaat- und Schriftenmissions-Verlag Neukirchen
R. Brockhaus Verlag Wuppertal
Brunnen Verlag Gießen
Bundes Verlag Witten
Christliches Verlagshaus Stuttgart
Oncken Verlag Wuppertal

5. Auflage 1984

© 1975 by Brunnen Verlag, Gießen
Umschlagfoto: Inge Schmidt
Gesamtherstellung: Ebner Ulm
ISBN 3-7655-3024-7

INHALT

Der Sieg geht weiter

Das sind immer die letzten Worte beim Abschied, wenn wir beide, Schwester Berta Isselmann und ich, uns begegnen. Sei es auf der Straße oder in der Straßenbahn, am Telefon oder im Gottesdienst: „Der Sieg geht weiter!"

Schwester Berta ist ein Original unseres Gottes. Jeder in der Stadt Kreuztal und auch viele andere Bewohner des Siegerlandes kennen sie. Das Urteil über Berta Isselmann ist verschieden. Die einen sagen: „Die Berta ist überspannt; sie ist verrückt!" „Nein", sagen die anderen: „Schwester Berta Isselmann ist eine wirkliche Christin, vor der man Achtung haben muß!"

Berta Isselmann läßt keinen Menschen in Ruhe. Jeder, der ihr begegnet, wird vor die Entscheidung gestellt: Für oder gegen den Herrn Jesus Christus? Mit ihren gezielten Fragen trifft sie immer ins Schwarze, nämlich mitten ins Menschenherz.

Viele Jahre lang war sie mit dem Fahrrad unterwegs. Im langen, farbenfrohen Kleid, mit buntem Kopftuch und großen Taschen voller Bibeln, Bücher und Traktate – so gehörte sie zum Straßenbild des Siegerlandes.

Von Beruf ist Berta Isselmann Klavierlehrerin; doch verdient hätte sie einen „Lehrstuhl für praktische Theologie" an einer Universität. So meinten jedenfalls Studenten der Theologischen Hochschule aus Bethel. Sie waren gekommen, um das geistliche Leben des Siegerlandes, besonders auch in den Gemeinschaften, kennenzulernen. An einem Abend berichtete dann Schwester Berta im Gemeindehaus aus ihrer Arbeit, der Weltfirma „Hecken & Zäune".

Die Meinung über diesen Abend war bei den Studenten einhellig: „Wir haben durch Schwester Berta in zwei Stunden mehr an praktischer Theologie gelernt als in vielen Jahren Vorlesungen beim Professor für praktische Theologie."

Möge durch ihr Vorbild mancher Christ mehr Freude und Mut bekommen, dem Herrn Jesus Christus zu dienen. Schwester Berta hat es ausgelebt, was ein Dichter der Brüdergemeine in folgenden Versen gesagt und was das Bekenntnis eines jeden lebendigen Christen sein müßte:

„Seit uns Gottes Geist den Zug
zum Versöhner unsrer Sünden ließ empfinden
und uns Jesu Todesschmerz drang ins Herz,
seit die Lieb uns überwunden
und wir in ihm Ruh gefunden,
Heilung für das kranke Herz:
Seitdem suchen wir stets mehr
Sünder zum Genuß der Gnaden einzuladen;
unsers Herzens ganzer Sinn geht dahin,
über dem Geschäft zu sterben,
Seelen für das Lamm zu werben;
nur das ist für uns Gewinn."

Von Jesus Getroffene
sind nicht mehr zu treffen

Der Lebenslauf von Schwester Berta Isselmann

Unerwünscht wurde ich am 6. März 1899 in Gießen an der Lahn geboren. Liebe Pflegeeltern erzogen

6

mich, um im Alter eine Stütze zu haben. Meine neue Heimat ist nun Kreuztal-Kredenbach. Zum Kummer meiner Eltern habe ich aber ganz andere Gedankengänge als sie. Die Schönheit der Musik und der Natur beherrschen mein Denken.

Obwohl die Musik mein Beruf wird, kann sie die Sehnsucht meines Herzens nicht stillen. Im Alter von vierzehn Jahren nehme ich an einer Evangelisation teil; werde aber nur erweckt. Ich bringe nur einige Sünden und Sorgen anstatt mich selbst. Der Feind nutzt die Situation und lenkt mein Interesse wieder auf die Kunst. Jahrzehntelang vernachlässige ich das Bibellesen und besuche auch keinen Gottesdienst. In den Ferien radle ich hinaus in die Natur. Rückblickend bin ich Gott dankbar für alle seine Bewahrung auf den Radtouren in andere Länder.

Im Jahre 1932 gerate ich in eine Zeltversammlung. Doch ich höre nicht zu; ungesegnet radle ich wieder heim. Ein Jahr später lockt auf dem Rückweg von Wien in Rüdesheim am Rhein ein lustiges Lokal. Kaum habe ich es betreten, widert mich die gottlose Atmosphäre an, und ich kehre rasch um in die Jugendherberge. Der Heilige Geist beginnt, mir die leichtsinnige Welt fad zu machen; und daß mir von Kind an Alkohol zuwider ist, verdanke ich seiner vorlaufenden Gnade.

Bei meiner Ankunft zu Hause entdecke ich ein Zelt der Zeltmission in unserem Ort. Weil ich abends nichts anderes vorhabe, begleite ich das junge Mädchen, das mich einlädt. Ohne besonderes Interesse sitze ich in der großen Versammlung. Aber mitten in meine sehr weltlichen Überlegungen hinein dringt die Textlesung aus Lukas 13, 6-9, das Gleichnis vom unfruchtbaren Feigenbaum. Jetzt höre ich tatsächlich. Scharf trifft mich die Tatsache: Keine Frucht! Woher auch? Ich lebe der Kunst, liebe mein Fahrrad, tue, was *ich* will.

Qualen stehe ich aus bei dem schrecklichen Satz: „Laß ihn noch dies Jahr!" Hatte Gott nicht schon *voriges* Jahr so zu mir gesprochen, als ich teilnahmslos im Zelt unter dem Wort saß? Es ist schon zu spät! Das Jahr ist um. Ich werde schon abgehauen.

Qual, Sündennot, Versäumnis! – Unbeschreiblich, diese Angst! Ich kann nicht davonlaufen, aus dem Zelt nicht und Gott erst recht nicht; ich muß das Gericht aushalten.

In meine allergrößte Not fällt plötzlich der tröstende Gedanke: Hätte mich Gott schon weggeworfen, würde er mir diese schreckliche Angst nicht geschenkt haben. Gott ruft zwei oder drei Mal. In der Jugend wurde ich gerufen; im Jahre 1932 gewiß auch. Der dritte laute Ruf heute ist unüberhörbar.

Nachdem mich der Text hellwach gerüttelt hat und die Entscheidung im Herzen gefallen ist, überlege ich: Wenn ich jetzt sterbe, gehe ich verloren, denn ich habe keine Frucht. (Von Matthäus 3,8: „rechtschaffene Früchte der Buße" wußte ich noch nichts.) Ich muß meine Vergangenheit ordnen; denn ehe neu gebaut wird, muß ausgeschachtet werden. Ich überlege, wo ich um Verzeihung bitten muß, welche Bücher weg müssen, wieviel Briefe geschrieben werden sollen. Immer ruhiger geworden, höre ich die Zeltversammlung jetzt singen: „Es quillt für mich dies teure Blut, das glaub' und fasse ich."

Nach Schluß der Versammlung renne ich nach Hause, knie nieder und sage nur: „Bitte, Herr Jesus, komm nicht heute nacht wieder und laß mich diese

Nacht nicht sterben; ich habe doch noch keine Frucht gebracht. Amen."

Als ich von den Knien aufstehe, habe ich Frieden. Am nächsten Morgen mache ich mich auf, die sauren Gänge zu erledigen. Das Schwerste zuerst: Zu meiner lieben Pflegemutter ins Krankenhaus. Unterwegs will der Teufel mich zurückhalten: „So schlimm war es doch nicht, fahr zurück, geh ein andermal hin." Doch ich überhöre ihn und fahre weiter. Vor dem Krankenhaus angekommen, denke ich: Wenn ich die schwerste Krankheit hätte, es wäre mir leichter, als um Verzeihung bitten zu müssen.

Der Gedanke: Vielleicht wird sie gerade gebadet, gibt mir Mut, die Treppe hinaufzusteigen. Zaghaft klopfe ich an. „Herein!" Verlegen stammle ich: „Mutter, ich dachte, du würdest gebadet." „Und ich dachte, du wärst die Badeschwester", entgegnete sie erstaunt. – Nun rasch alle Hemmungen weg: „Mutter, ich bin zu Jesus gekommen, und es tut mir so leid, euch das Leben verbittert zu haben. Kannst du mir verzeihen? Vater ist ja schon gestorben, ihn kann ich nicht mehr um Verzeihung bitten. Kannst du mir alles vergeben?"

„Kannst du mir auch vergeben, was ich falsch gemacht habe?" fragt sie zurück.

Ich erkenne ihre große Liebe und meine erbärmliche Lieblosigkeit. Als die Badeschwester kommt, ist alles klar zwischen uns. Ich ahne nicht, daß es die letzte Möglichkeit war, mit ihr zu sprechen. Als ich kurz darauf an ihrem Sterbebett stehe, ist sie nicht mehr ansprechbar. Immer wieder danke ich dem Herrn für das Geschenk unserer Versöhnung.

Die anderen „Aufräumungsarbeiten" sah der Herr auch gnädig an. Zu Hause angekommen, bin ich mir meiner neuen Situation so recht bewußt. Die Freude bricht durch. Ich bin rechtmäßig von oben geboren durch das Wort Gottes und durch den Geist Gottes. Ich gehöre in die Familie der Erlösten, habe viele Brüder und Schwestern. Ja, „mein Vater und meine Mutter verlassen mich, aber der Herr nimmt mich auf". So erlebe ich Psalm 27,10 ganz wörtlich.

Natürlich treibt es mich zu den Geschwistern. Sie reagieren abwartend, staunen, daß Jesus mich „Weltkind" gerettet hat. Plötzlich erinnere ich mich meines Erwecktseins in der Kindheit. Ich frage mich: Ist das nun echt? Verflacht es nicht wieder? − Später sitze ich in einem Wartesaal und lese Psalmen. Ich jauchze auf: Psalm 1,3 verscheucht alle Besorgnis. Natürlich: „Gepflanzt an den Wasserbächen". Meine Wurzeln sind bei Gott. Ob jemand hier unten Blüten abreißt oder Blätter abrupft, ich bin wurzelecht. Und wenn einer von der Pflanze abhackt, soviel er sieht: Macht nichts, sie sprießt und gedeiht am Bach: Jeremia 17, 7 - 8.

„Ich habe deine Sünde von dir genommen und habe dich mit Feierkleidern angezogen", Sacharja 3, 4b.

„Als ich die abgrundtiefe Sünd' erkannte
und seufzte schwer in meiner Not und Pein
und Dir die Sünde frei mit Namen nannte,
da wusch Dein Blut mich weiß wie Schnee so rein.
Du schmücktest mich mit heiligen Gewändern,
die himmlisch rein dem Vater wohlgefallen,
begannst, mir liebend Herz und Sinn zu ändern,
Du wurdest mir der Schönste unter allen.
Nun trage ich in Ehrfurcht Feierkleider,
die überdauern werden Tod und Zeit,
ruf Deinen Sieg aus als Dein Wegbereiter,
bis Du mich aufhebst in die Herrlichkeit."

Jetzt radele ich täglich, meist singend, in die Nachbarorte zu meinen Klavierschülern: „Ich freu' mich in dem Herren aus tiefstem Herzensgrund." Nach der letzten Strophe singt es weiter in mir Vers um Vers. Darum hat mein Lied die Melodie des Kirchenliedes: „Ich freu' mich in dem Herren". Meine Verse laufen hinterdrein, und ich wundere mich, daß ich sie bei meiner Schülerin noch auswendig weiß. Hier ist mein ganzes Freudenlied:

„Ich freue mich, ich freu' mich,
             freu' mich den ganzen Tag,
ob Liebes oder Leides mir auch begegnen mag.
Und wollen Not und Sorge,
             die Seele mir beschwer'n,
so blicke ich nach oben
             und werf' sie auf den Herrn.

Ich freue mich, ich freu' mich,
             weil ich mich freuen kann,
denn alle meine Sünden,
             die sieht der Herr nicht an.
Er wusch in seinem Blute
             mich schneeigweiß und rein,
so kann ich alle Tage mich tief und innig freun.

Ich freue mich, ich freu' mich,
             weil ich mich freuen darf;
denn seit ich allen Jammer
             auf meinen Heiland warf,
brauch ich nie mehr zu zagen,
             denn sein ist meine Not,
ich werde heimgetragen
             durch Leben und durch Tod.

Ich freue mich, ich freu' mich,
              weil ich mich freuen will.
Zu allen seinen Wegen ist meine Seele still.
In ihm bin ich geborgen. Ich ruh' in seiner Ruh'.
Ich kenne keine Sorgen und jauchze ihm nur zu.

Ich freue mich, ich freu' mich,
              weil ich mich freuen muß,
denn alles, was ich habe,
              liegt meinem Gott zu Fuß.
Will selber nichts mehr gelten,
              nichts in mir selber sein.
So muß ich jubelnd singen:
              Die Freud' bleibt ewig mein!"

Der Herr schenkte mir einen besonderen Auftrag für das fahrende Volk. Auf dem Rummelplatz, bei den Artisten, unter Zigeunern und in Bauarbeiterbuden darf ich die Botschaft seiner freimachenden Gnade verkünden.

Als „lebenslänglicher" Blaukreuzler liebe ich natürlich die Wirte und Trinker. In vielen Gaststätten singe und sage ich von Jesus. Durch den Dienst auf den Wohnwagenplätzen der „Asozialen" ergab sich für mich die Möglichkeit, in einigen Strafanstalten seinen Siegesnamen bekanntzumachen.

Meine „beglückende Last" – so nenne ich meinen Dienst – darf ich seit Jahrzehnten als Mitarbeiterin der Mission für Süd-Ost-Europa tun, was mir ein besonderes Geschenk meines himmlischen Vaters ist.

Der Dauerton der Freude, welchen der Herr in meinem Herzen anstimmte, ist nicht verstummt. Das Licht der Gerechten brennt fröhlich und ist nicht auszublasen, weil es am himmlischen Licht- und Kraftwerk Gottes angezündet wurde. Auch mein Augenleiden mindert die Freude nicht. Wenn ich auch das gedruckte Bibelwort nicht mehr lesen kann, so reißt mir der Herr gnädig meine Herzensaugen auf, Jesus, das lebendige Wort, desto klarer zu erkennen. Und meine Glaubensfüße hüpfen von einer Verheißung zur andern. Natürlich muß ich die Glaubensfußgelenke im Gebet täglich ölen lassen, daß sie munter hüpfen können.

Mit dem Hauptgewinn *Jesus* ist Verlust ein Fremdwort. Wir verlieren nur, was unten bleibt, z. B. meine kranken Augen. Wir gehen von Gewinn zu Gewinn: Sogar Sterben ist uns Gewinn. So haben wir vor lauter Freuden keine Zeit zum Ärgern.

„Ich wohne in der Freudenquelle
und trinke, trinke alle Stund.
Drum ist mein Tag so licht und helle,
und Freude kündet Herz und Mund.
Nun jauchze mit, wer Jesus kennt.
Die Freude ist mein Element!"

Glück ist nicht, tun dürfen, was man möchte, sondern lassen können, was man darf

Normalerweise hätte ich nicht Schwester sein können. Mir persönlich fällt es nicht leicht, einsam zu bleiben, wenn auch mein Beruf als Klavierlehrerin mir viel Freude schenkt. Ich fühle die Schwere der Worte:

> „Ein heimliches Kleinod im Herzen tragen,
> aber, *weil Gott es will,* ihm entsagen ..."

Mit Gottes Hilfe legte ich mein Wollen und Wünschen auf den Altar. Der Herr sah das Opfer gnädig an: Es ging hindurch, hindurch mit Freuden! In Ihm überwinden wir *weit!*

Oft werde ich gefragt, wie ich die Einsamkeit ertrage. Da kann ich strahlend antworten: „In Jesus habe ich meine ganze Familie: „Wie sich ein *Vater* über Kinder erbarmt, so erbarmt sich der Herr über die, so ihn fürchten." „Ich will dich trösten, wie einen seine *Mutter* tröstet." „Wer den Willen tut meines Vaters im Himmel, ist meine *Schwester* und mein *Bruder.*" Ich bin auf dem Weg ins Vaterhaus! „Er wird uns nicht verlassen noch versäumen." *Nichts* wird an uns versäumt.

Radle ich im Sonnenschein durch die Dörfer, denke ich: Der Vater ist das *Licht,* bei ihm bedürfen wir keiner Sonne mehr. Wie *das* sein wird?! Abends schaut des Vaters Sternenzelt auf mich hernieder. Das macht mein Herz so froh, daß ich laut ein Loblied in die Gegend singe. Wenn's gießt, die Reifen über den glatten Asphalt spritzen, denke ich: Mein Vater läßt regnen; jeder Regenguß ist ein direkter Gruß vom Vater, und gern nehme ich den Kampf mit den Elementen auf.

Jede Blume, jeder Baum sind Liebesgedanken des Vaters. Begegnen mir mittags die Frauen, die ihren Männern in der Fabrik Essen bringen, und der Gedanke sucht Raum: Ich darf nie für einen geliebten Mann und Kinder sorgen, dann steht leuchtend darüber Jesu Wort: „Ich bin das Brot des Lebens." „Ich bin die lebendige Quelle. Wen dürstet, der komme zu mir und trinke!" Diese Speise weiterzureichen ist wichtiger. Getrost schaue ich den Frauen nach – reich, überreich beschenkt.

Unsern Beruf will Gott mit unserer Sendung verbinden. Jeder Jünger hat eine Aufgabe; hören wir genau zu, welcher Art *unser* Dienst ist! Uns allen gilt die Forderung: „Ihr sollt meine Zeugen sein!"

Jesaja 58, 6-11 hat besonders eindringlich zu mir geredet. Vers 6 ist die Voraussetzung zum rechten Gottesdienst: Lösen lassen von Menschen und Dingen, nicht festhalten wollen, ledig aller Lasten, frei, ganz frei sein. Wenn wir in jeder Hand einen Koffer schleppen, können wir trotz der größten Liebe nicht andern tragen helfen. Hin nach Golgatha mit dem Gepäck! Brich dem Hungrigen dein Brot! Nicht *das* Brot, *unser* Brot, das *wir* essen wollen! Die Elenden zu Jesus führen, ihnen den Weg ins Vaterhaus zeigen, den Nackten kleiden mit dem Mantel der Liebe. Lieben heißt: Für den anderen hoffen, für ihn glauben, in jedem eine Seele sehen, für die unser Herr starb, durch die er vielleicht eine große Tat tun will. Uns nie für zu gut halten, den Ärmsten und Elendesten zu achten und zu ehren, so werden die Verse 9 – 11 Gottes Ja zu unserer Bereitschaft.

Erste Dienste für Jesus

Aller Anfang ist schwer; auch der Dienst für unseren Herrn und Heiland. Im Jahre 1937 fuhr Schwester Berta Isselmann mit ihrem Fahrrad zur Konferenz nach Bad

Blankenburg. Inzwischen hatte sie mit Pastor Ernst Modersohn Verbindung aufgenommen. Er war es, der ihr Mut machte, öffentlich von Jesus zu reden. Schwester Berta wehrte entschieden ab: „Ich kann nicht reden. Ich kann nur den Leuten die Ohren vollquasseln." Er entgegnete: „Fangen Sie nur an! So lernt man es am besten." Und Schwester Berta fing an.

Nachdem ich Gottes Barmherzigkeit erlebt hatte, begann ich, Blätter zu verteilen: auf der Straße und in der Eisenbahn. Als jemand meinen „Mut" bewunderte, sagte ich: „Ob ich Zeitungen oder Traktate verteile, ist doch dasselbe; ich glaub doch, was in den Blättern steht, und von Natur aus bin ich nicht schüchtern. Das ist doch keine Kunst!" und – Gott zeigte mir meine „Kunst". – Im Rheinland bot ich in der Straßenbahn Blätter an, siegessicher, mit weit ausholender Geste – und alle stellten sich taub und guckten weg. Abwehr auf der ganzen Linie. Es war gut, daß ich umsteigen mußte.

Da stand ich nun, hochrot, verlegen, geschlagen, und Gott redete. Wie dankbar bin ich ihm für diese Niederlage! In tiefer Beugung wurde ich still, gerichtet und neu begnadigt. Die Straßenbahn mahnte zum Einsteigen. Ganz klein saß ich in der Ecke und dachte: Herr, du mußtest die eigene Kraft zerbrechen, ich kann nichts und bin nichts. Ohne Auftrag will ich nie mehr dienen.

Obgleich ich keine Lust verspürte, Blätter zu verteilen, brannten sie in der Mappe und wollten verteilt werden. Mit Herzklopfen bis an den Hals erhob ich mich zaghaft. Mein sicheres Auftreten war einer scheuen Anfrage gewichen: „Darf ich Ihnen vielleicht ein Blatt anbieten?" „Recht gern! Danke!"

„Hier!" „Mir auch!" „Kosten sie was?" Der Erfolg verwirrte mich, aber tief innen war ich froh.

Wieder umsteigen in die Schwebebahn! Drei Leute. Es lohnt nicht. Ich starre in die Wupper, drücke mich in die Ecke. Die Blätter aber wollen raus. Wieder das Herzklopfen. Die drei bedanken sich, der Schaffner schaut mich fragend an: „Sind Sie ein Gotteskind?" „Ja!" „Dann muß ich Ihnen rasch erzählen, wie mein Sohn vor einigen Tagen selig heimging."

Das waren schöne, gesegnete Minuten für uns in der Schwebebahn; und der Heiland war mit dabei und freute sich auch. Ein stilles Leuchten blieb in meiner Seele, und das Herzklopfen erinnert mich seitdem vor jedem Dienst an mein Unvermögen und zwingt ins Gebet, ohne das alles Dienen fruchtlos bleibt.

Mit einem Lied auf den Lippen radle ich Sonntagfrüh zum Blätterverteilen. Alle Dienststellen werden bedacht. Gern nehmen die Angestellten der Bahn, Post, Straßenbahn, die Tankstellenbesitzer, Taxifahrer, Pförtner der großen Werke ein Blatt. Oft ergibt sich ein Gespräch daraus. Es werden Fragen erörtert. Es wird um Schriften gebeten. Alle Dienststellen nehmen Testamente an; wo Menschen sonntags Dienst tun, muß Gelegenheit sein, Gottes Wort zu lesen. Zu Weihnachten brennt auf jeder Dienststelle ein Weihnachtsbaum.

Im Städtchen vor dem Kino biete ich Blätter an. Da ist es, als ob meine Arme erlahmen wollen. Ich spüre auch innere Hemmungen. Ich höre auf, verkrieche mich in die „Wende", versuche zu beten – da fällt mein Blick auf die Überschrift des Traktats. Ich sehe sofort: Das ist für dich! Jetzt wird mir klar: Erst müssen wir den Inhalt *zu uns* reden lassen, ehe wir ihn andern weitergeben.

Froh und dankbar für die Lektion nehme ich meinen Platz wieder ein. Da beleben sich die Arme wieder, im Nu sind die Blätter verteilt.

Der Zirkus Busch ist im Nachbardorf. Neue Testamente sind rasch eingepackt. Das Rad saust nur so über die Straße. Musik, Lärm aus dem „Negerdorf", Gebrüll, Geheul aus den Ställen und Käfigen, Kinderjubel, das lichte Weiß und Blau der sauberen Wagen: am Ziel.

Herzklopfen. Ich werde still, trete ein. Ich muß mich zusammennehmen, damit die bunte Welt des Zirkus mich nicht zu sehr gefangennimmt. Ich gebe mir einen Ruck und besinne mich auf meinen Auftrag. Und Gott öffnet die Türen! Der Chef spricht mich an, gestattet mir überall freien Zutritt und nimmt ein Neues Testament. Im Büro freundlicher Empfang, weil ich Gottes Wort verteile. Auch in den Wagen der Orientalen finde ich Verständnis. Neger, Chinesen, Sudanesen, Inder – alle nehmen es gern an. Einige Mongolen, die nicht deutsch lesen können, verstehen den Namen „Jesus". Sie übersetzen, tragen in ihrer Sprache den Namen weiter und nicken dazu: „Jesus, Jesus!"

Ich gehe durch die langen Wagenreihen. Überall freundliche Gesichter. Im Nu ist mein Vorrat an Literatur erschöpft, und glücklich radle ich heim.

Es ist Kirmes im Dorf. Auch hier der gleiche Hunger nach lebendigem Brot. Jeder im Wagen der Schausteller nimmt gern Testamente und Blättchen. In einem kleinen, ärmlichen Wagen stöhnt jemand. Beim Nähertreten finde ich einen alten Mann bewußtlos auf seinem Bett liegen. Ich trete zu ihm, fasse seine Hand und spreche langsam: „Das Blut Jesu Christi macht uns rein von aller Sünde." Ich weiß nicht, ob seine Seele etwas vernimmt, und wiederhole die Botschaft. Da drückt er schwach meine Hand.

Anderntags ist er wieder bewußtlos. Ich wiederhole das Bibelwort immer wieder. Am Mittag stirbt er. Später höre ich, daß seine Angehörigen sich über meinen Besuch sehr gefreut haben.

Zwei Schausteller bitten mich, ihnen eine Andacht zu halten. Gern sage ich zu und verabrede eine Morgenstunde in der Kirmesschießhalle. Später kommen mir Bedenken. Aber liebe Brüder beten für mich. So radle ich getrost hin.

Es ist noch früh. Eine Frau aus dem Dorf fragt mich, was ich bei den Wagen suche. Als ich ihr sage, daß in der Schießhalle Andacht ist, bittet sie: „Rufen Sie mich, wenn's anfängt! Ich habe auch noch keinen Frieden." Eine halbe Stunde lang kann ich mit ihr reden. Gott sorgte dafür, daß ich so früh bin und Zeit für diese Frau habe.

Bald sammelt sich eine kleine Schar in der Schießhalle. Sie sitzen auf dem langen Brett, wo sonst die Gewehre liegen. Ich nehme meinen Platz gegenüber ein, bei den Teddybären, Papierblumen und sonstigen „Preisen". Dann lauschen sie dem Wort vom Kreuz. Manche Träne glänzt in müden Augen. Einige wollen Lieder lernen und bitten um Gesangbücher, die sie sogar bezahlen wollen.

Nur schwer kann ich mich von ihnen trennen. Glücklich und reich danke ich meinem Heiland, der sich zur Dienstbereitschaft seiner Jünger bekennt ...

Ich bin so kalt und tot in mir,
Du bist allein mein Leben;
nichts hab ich, was nicht ist von Dir,
Du mußt mir alles geben.
Von mir kannst gar nichts Du gebrauchen,
Du mußt mir Deinen Geist einhauchen.
Du läßt mich nicht in meiner Not,
schenkst liebend meinem Ich den Tod,
daß ich mich recht kann hassen.
Mir aufwärts richtest Du den Blick,
daß niemals mehr ich kann zurück.
Du willst mich ja nicht lassen.
Denn Dein Bund steht unwandelbar
wie Deine Liebe treu und wahr,
darin ich mich darf sonnen.
Nun treibt mich diese Liebe fort
zu Heilandslosen allerort,
bis sie für Dich gewonnen.

(Berta Isselmann, nach 1. Kor. 15, 10.)

Unter den Brüdern von der Landstraße

Meine besondere Liebe gilt den Brüdern von der
Landstraße. Ein naher Gasthof am Walde bietet
Übernachtungsmöglichkeit für Obdachlose. Samstag-

abends besuche ich sie, erzähle vom Herrn Jesus, biete Testamente und Blättchen an und lade zum sonntäglichen Gottesdienst ein. Nicht immer ergibt es sich, daß wir zusammen singen und beten können, doch zum Lied vom „Kreuz von Golgatha – Heimat für Heimatlose" reicht es immer.

Einer sagte nach dem Lied zu mir: „Warum singen Sie es uns? Nicht die keine irdische Heimat haben sind gemeint, sondern die kein Vaterhaus im Himmel haben. Gehen Sie in die Häuser der Reichen; singen Sie ihnen das Lied vom Kreuz!"

Die Leute im Dorf fragen mich oft nach dem Ergebnis meiner Arbeit. Wir sind nicht da, um Erfolg zu sehen, auch das Säen ist nicht immer unsere Aufgabe, meist haben wir nur den Boden vorzubereiten. Die Liebe muß erst die eisige Schneedecke hinwegschmelzen. Nur liebhaben möchte ich sie alle: die Trinker, die Heimatlosen, die Elenden, die Einsamen. Viele können nicht gleich fassen, was ich ihnen von Jesus sage, aber für Liebe sind sie alle empfänglich.

Eines Abends sprechen wir vom Vergeben. Ich erzähle, daß ich meine Pflegemutter um Verzeihung gebeten hätte, ehe ich mich dem Herrn übergab. Einige Tage später schreibt ein lieber Bruder: „Ich wollte wie Sie dem Herrn Jesus nachfolgen und erbat die Vergebung meiner Stiefmutter. Aber sie hat mich nicht einmal angehört. Nun ist mir alles egal. Ich verschwinde im Ausland, und niemand wird mich davon abbringen."

Der Brief ist in einem Ort nahe der französischen Grenze abgestempelt. Erschüttert lege ich den Brief dem Herrn hin und bitte um Segen für meine Antwort. Und Gott zeigt mir, daß er sich wohl die Hilfe seiner

Kinder gefallen läßt, aber sie nicht nötig hat. Nach einiger Zeit erhalte ich eine weitere Nachricht, diesmal aus dem Krankenhaus: „Gott hat nicht zugelassen, daß ich vor ihm fliehe. Er ließ mich verunglücken. Mein Arm ist gebrochen. Aber es ist besser, daß der Leib verderbe, als daß die Seele Schaden nehme. Bei dem Unfall verlor ich mein Neues Testament. Können Sie mir bitte ein anderes schicken?"

Postwendend ist es in seinem Besitz. Gott hat ihn von der Grenze des Verderbens zurückgerufen und ihm später auch die Versöhnung mit seiner Stiefmutter geschenkt.

Ein anderer junger Bursch, der ziemlich heruntergekommen aussieht, begleitet mich eines Sonntags zum Gottesdienst in einen Nachbarort. Der frohe Ton und die freundliche Aufnahme dort überraschen ihn. Wohltuend empfindet er die Gastfreundschaft, und zu seinem Erstaunen nimmt niemand Anstoß an seiner Kleidung.

Am nächsten Tag erbittet er sich mein Rad, „um Arbeit zu suchen". Ich leihe es ihm. Einige Tage verstreichen ohne Nachricht. Doch dann schickt er mir das Rad geputzt und geölt mit der Bahn zurück. In Dortmund hat er Arbeit gefunden. In seinem langen Dankesbrief steht auch, daß er fleißig in dem Neuen Testament liest, das ich ihm gab, und daß er ein Christ geworden ist.

Der Heiland ist es wert, daß wir auch den ärmsten Brüdern Vertrauen entgegenbringen. In ihm wollen wir alle mit der gleichen Liebe umfassen. So werden wir nie von Menschen enttäuscht.

„Verlange nichts! Gib alles!
Dulde und schweige!
Dein Opfer nicht, nur deine Liebe zeige!"

Ein Beamter aus einem Nachbardorf schreibt mir etwa folgendes: „In Untersuchungshaft traf ich einen Mann, den man wegen Landstreicherei eingesperrt hatte. Er besaß ein Neues Testament mit Ihrer Widmung, das er gegen Zigaretten eintauschen wollte. Es wurde hin und her gefeilscht, bis ich es schließlich für zehn Zigaretten erstand."

Der Beamte kam durch das Lesen dieses Neuen Testaments zum Glauben und las dann abends den Häftlingen daraus vor. Später lernte ich auch seine Familie kennen und stehe mit ihr noch heute in Verbindung.

Gott läßt sein Wort nicht leer zurückkommen und nicht umkommen. Er geht dabei oft so seltsame Wege wie bei diesem Beamten. Ein anderer ließ das Neue Testament gleichgültig auf einer Mauer liegen. Bekannte von mir fanden es, und so kam es wieder in meine Hände.

Ein andermal warf der wütende Empfänger die Bibel weg ins Feld. Ein Bauer fand es, gab es einem Fabrikarbeiter, der seinem Freund, und dieser endlich benutzte es, und es wurde ihm zum Segen.

Ein anderer Bruder kann durchaus nicht an die Existenz Gottes glauben. Er will einen sichtbaren Beweis. Mir scheint das anmaßend. Am Sonntag gehen wir zusammen zur Kirche. Weil er keinen Pfennig Geld hat, will ich ihm etwas fürs Essen geben. Er lehnt energisch ab: „Ich nehme nichts von Ihnen!"

Bis zur Kirchentreppe wandert das Geldstück hin und her. Selbst mein Einwand: „Gott schenkt Ihnen das Geld. Von ihm können Sie es ruhig nehmen", nützt nichts. Ich muß das Geld schließlich wieder einstecken.

Nach dem Gottesdienst drückt mir eine Frau ein Geldstück in die Hand: „Für Ihren Obdachlosen, zum Essen", flüstert sie. Glücklich will ich ihm dieses Geld aushändigen, aber er wehrt ab und kann noch nicht fassen, daß das ein anderes von Gott geschicktes Geldstück ist.

Wir suchen zusammen die Frau auf. „Als ich im Gottesdienst hinter euch saß", berichtet sie, „dachte ich: Dem gibst du nachher etwas fürs Essen."

Weiß wie die Wand starrt der Mann auf das Geld in seiner Hand. Er erkennt: Dies ist die von Gott geforderte Antwort auf seine Zweifel.

Ich habe den Mann später noch einmal wiedergesehen. Er war noch kein Gotteskind. Aber dieses Erlebnis wird er nie vergessen . . .

Zwei „Brüder von der Landstraße" haben versprochen, mit mir zu einem Gottesdienst im Nachbardorf zu gehen. Wie glücklich bin ich, als sie pünktlich an der Straßenbahn auf mich warten!

Im Kreisstädtchen steigen wir aus und gehen zu Fuß. Keiner von uns dreien hat eine Ahnung, wo und wann der Gottesdienst stattfindet. Ein Waldgottesdienst soll es sein, ja, aber Wald, Wald, überall Wald, wohin man schaut!

Ich frage mich zu der Wohnung von Leuten durch, die bestimmt den Gottesdienst besuchen werden. Noch bevor ich mich bei ihnen näher erkundigen kann, werden meine beiden Brüder von der Landstraße zum Mittagessen eingeladen. Sie wissen nicht, wie ihnen geschieht.

Unsere Hauswirtin bringt uns dann zum Gottesdienst. Ernst und eindringlich spricht Gott zu uns. Der Chor gibt sein Bestes: „Nur in Jesus hat man Frieden!"

Und dann gibt's Kaffee und Kuchen; mehr als wir essen können. Immer neue Päckchen stapeln sich für meine Brüder zum Mitnehmen. Wenn ich bezahlen will, ist immer schon alles beglichen.

„Wenn Gott uns das Essen schenkt", denke ich, „dann nehme ich für die beiden ein Doppelzimmer im Hotel, damit sie sich einmal richtig ausschlafen und zur Abendversammlung noch bleiben können." Außer dem Fahrgeld habe ich noch nichts für die beiden ausgegeben, und jetzt will ich auch noch etwas für sie tun. Aber Gott macht es anders. Nach dem Kaffee drückt mir jemand einen Geldbetrag in die Hand. Rasch zum Hotel! Und siehe da: Das Doppelzimmer kostet genau diesen Betrag.

Glücklich essen wir bei unserer lieben Gastgeberin zu Abend. Es war ein herrlicher Tag für die beiden, nachdem sie tagelang nichts Richtiges gegessen hatten. In ihrer Not hatten sie zu Gott gebetet, und wie reich beschenkte sie der Herr! Wer war glücklicher als ich?!

Wie froh bin ich, wenn einer meiner lieben Bekannten, der irgendwo im Krankenhaus liegt, meinen Besuch wünscht! Im Städtchen des Nachbarkreises gibt's im Krankenhaus ein besonderes „Kundenzimmer", das ich zu jeder Zeit besuchen darf. Neue Testamente nehmen alle gern, und mancher Brief zeugt davon, daß Gottes Wort nicht leer zurückkommt.

Oft fragen mich meine „Brüder von der Landstraße", ob es mir beruflich nicht schadet, daß ich mich oft in ihrer Begleitung befinde. Manche wollen sich einige Meter hinter mir halten. Da sage ich stets:

„Ihr seid doch alle meine Allernächsten, meine lieben Brüder."

Sonnabends gehe ich im einfachsten Kleid hinauf; mein schlichter Rock ist mein Talar und die Kantine meine Missionsstation. Wie glücklich sitze ich neben ihnen auf der Bank, ihre Bündel, Rucksäcke oder Taschen neben mir! Der Herr Jesus selbst hat uns doch zusammengeführt.

Im Frühjahr bringen mir manche Hut und Mantel zur Aufbewahrung bis zum Herbst, wenn es wieder kalt wird. Gern motte ich die Sachen ein, bis sie wieder benötigt werden.

Es gibt einige, denen darf ich ihren Lohn verwahren, daß sie ihn nicht vertrinken.

Advent feiern wir bei Kranz und Kerzen. Weihnachten darf ich auch mit ihnen verleben. Da gibt es für sie kleine Geschenke, besonders wollene Socken. Froh und dankbar hören sie vom Kind in der Krippe, das unser Heiland ist.

Warum sind die Leute auf der Straße? Was treibt sie ruhelos von einer Herberge zur anderen: gescholten, verachtet, ausgestoßen? Bei vielen ein Zerwürfnis mit dem Elternhaus, Zank, Haß, Eifersucht, äußere und innere Not! Manche Strafentlassene sind darunter, die keine Arbeit finden, weil ihnen kein Vertrauen entgegengebracht wird. Arbeitssuchende, Kranke, Alte sind darunter, Gebildete und Einfache, Gute und Böse. Alle wollen wir mit der großen Heilandsliebe umfassen. Ich denke an den Ruf der lieben Mutter Eva:

„Liegt zwischen Stoppeln noch so klein die Ähre, zertritt sie nicht!
Wenn noch so arm ein Mensch und elend wäre, verwirf ihn nicht!

Heb auf, was sonst im Staube muß verderben,
laß sie, für die der Heiland starb, nicht sterben.
Zum Ährenlesen laß dich willig werben.
Klein ist die Mühe, groß die Liebespflicht,
vergiß sie nicht!"

Daß der Dienst im Weinberg des Herrn restlos
befriedigt, brauche ich nun wohl nicht mehr hinzu-
zufügen. Was man mit Gott erleben kann, steht hoch
über allem irdischen, menschlichen Erleben. Kein
Mensch sieht uns ins Herz wie der Vater im Himmel.
Er beurteilt uns nie falsch. Er kennt uns, wie wir
sind, und trägt uns.

Mein Beruf als Klavierlehrerin gibt viele Dienst-
möglichkeiten. Man kann den Menschen den Herrn
Jesus ins Herz singen und spielen. Wenn man die
Schüler unterrichtet, schaut man in die Familienver-
hältnisse hinein. Gelegenheit zum Zeugnis gibt es
fast täglich, wo Heilandslose mit dem Leben nicht
fertig werden. In fünfzehn Dörfern radle ich wö-
chentlich herum, kenne dort alle Kranken, Traurigen
und Einsamen. Die Zeit erlaubt manchmal einen
kurzen Besuch.

Ja, wer seine ganze Kraft dem Heiland weiht, ist
glücklich.

„Ich habe hier die Fülle, seitdem der
                          Heiland kam.
Ich habe dort ein Erbe, so reich und
                          wundersam.
Ich habe Glück, das leuchtend und
                          unbeschreiblich ist.
Ich habe alles, alles in dir, Herr Jesus Christ!"

Jesus fährt immer mit

Wohl alle im Obdachlosenheim liebten mich. Einer aber war dabei, der mit einem leidenschaftlichen, teuflischen Haß gegen mich und die Botschaft des Evangeliums erfüllt war.

Auch andere wußten vom Haß dieses Mannes gegen mich. Eines Abends, ich will gerade die Kantine verlassen, sagt der Besitzer zu mir: „Schwester Berta, ich möchte nicht, daß Ihnen auf dem Heimweg etwas passiert; ich begleite Sie nach Hause."

„Nein, nein", antwortete ich, „dann muß ich ja auch noch auf Sie aufpassen. Aber wenn Jesus mit mir geht – und er geht und fährt immer mit –, dann fühle ich mich viel sicherer."

„Dann will ich wenigstens nachsehen, was Ihr Feind jetzt macht", entgegnete der Wirt. Bald ist er zurück mit der Nachricht: „Sie können beruhigt sein. Er schläft."

Aber mein Feind hatte den Schlaf nur vorgetäuscht und sich dann durch eine Hintertür hinausgeschlichen, um mich auf dem Heimweg zu überfallen.

Ich nehme mein Fahrrad und fahre in der Dunkelheit los. Der Weg führt durch einen Tannenwald. Gleich am Waldrand verlöscht das Licht an meinem Rad. Was soll ich machen? Ich fahre im Dunkeln weiter und bete: „Vater, jetzt mußt du mein Licht sein!"

Da, mitten im Wald, schreit plötzlich ein Mann wütend hinter mir her: mein Feind, der mich überfallen wollte. Im Dunkeln unbemerkt bin ich an ihm vorbeigefahren. Als ich aus dem Wald herausfahre, brennt mein Fahrradlicht auf einmal wieder.

Heute weiß ich: Es war ein Engel Gottes, der mein

Fahrradlicht ausgelöscht und später wieder aufleuchten ließ, so daß mir kein Schaden zugefügt wurde. Dankbar, meinen Gott fröhlich lobend, kam ich glücklich nach Hause.

Heinrich und Fritz

Ich bin gegen Abend wieder einmal auf dem Weg zum Obdachlosenheim. Unterwegs rufen mir Leute zu: „Oben im Wald ist ein alter Brunnen. Da liegt einer drin. Bestimmt einer von den Ihren."

„Warum habt Ihr ihn denn nicht schon rausgeholt?" frage ich. Sie lachen nur.

Mit einer Taschenlampe bewaffnet suche ich im Dunkeln den Brunnen. Als ich die Lampe einmal ausknipse, um die Batterie zu schonen, stoße ich mit jemand zusammen.

„Ach, Schwester Berta, Sie sind es! Ich bin der Fritz und suche den Heinrich." „Ich suche auch den Heinrich", sage ich.

Gemeinsam suchend finden wir den zu dieser Zeit wasserlosen Brunnen. Und unten im Brunnenloch liegt der betrunkene Heinrich, den Kopf auf dem Hut, und schläft.

„Fritz", sage ich, „Sie sind selten nüchtern, wenn ich komme; aber heute sind Sie mal ausnahmsweise hellwach. Jetzt kann und will ich Ihnen mal anschaulich klarmachen, was der Herr Jesus für uns getan hat: Wir sind tot in Sünden von Natur aus. Adam und Eva hatten göttliches Leben, bis sie Gottes Warnung mißachteten. Sie aßen von dem verbotenen Baum und starben. Der Heinrich da unten im Brunnenloch ist also jetzt wie tot."

Ausführlich erkläre ich ihm, was es ist um den inneren Tod.

„Gott ruft uns durch sein Wort; aber ein Toter hört ja nicht."

Ich rufe: „Heinrich! Heinrich!" Er antwortet nicht. Ich halte meine Hand herunter in das Brunnenloch. Heinrich sieht und hört nichts.

„Ich muß also in den Brunnen heruntersteigen." Ich tue es. Jetzt bin ich unten.

„So ist also Jesus zu uns vom Himmel herunter auf die Erde gekommen. Aber der Heinrich merkt es noch immer nicht. So vernehmen wir Menschen auch nichts, weil wir tot sind in Sünden. Gott rüttelt uns auf."

Ich schüttele den Heinrich. Er wird halbwach, schläft aber sofort weiter. „Oft nimmt uns unser Herr etwas, was uns unentbehrlich scheint." – Damit nehme ich dem Heinrich seinen Hut weg und werfe ihn aus dem Brunnen hinauf. „Mein Hut! Mein Hut!" schreit Heinrich hellwach.

Ich sage zum Heinrich: „Du holst dir den Tod, wenn du hier unten liegenbleibst. Fritz ist oben und will auch helfen, daß du rauskommst. Wenn du aber nicht mithilfst, dann können wir dir auch nicht helfen."

Nun beginnt die Rettungsaktion. Fritz zieht oben an Heinrichs Hand; ich schiebe unten im Brunnenloch. Heinrich hilft mit, so gut er es als Betrunkener kann. Endlich ist Heinrich glücklich oben. Wir setzen ihm seinen Hut auf und bringen ihn gemeinsam nach Hause, wo er seinen Rausch ausschläft.

Noch oft rede ich mit Fritz und später auch mit

beiden gemeinsam über das Wunder der göttlichen Errettung. „Das werden wir nie vergessen, Schwester Berta, wie Sie uns da im Wald das Werk der Erlösung verständlich gemacht haben."

„Was gibt's Neues?"

An einem Sommermorgen gehe ich zum Bahnhof. Die Straßenbahnschaffner haben zehn Minuten Pause, bis die Bahn wieder abfährt. Sie stehen zusammen und unterhalten sich lebhaft. Ich bin ganz in ihrer Nähe. Da kommt die Schwester Berta auf ihrem „Stahlroß" angefahren. Laut ruft einer der Schaffner: „Die Berta! Die Berta! Sag, Berta, was gibt's heute Neues?" Sofort steigt sie ab von ihrem Rad und sagt: „Ja, ihr Lieben, es gibt allerlei Neuigkeiten. Die will ich euch gern sagen!" Und schon zählt sie auf:

Gottes Güte ist heute ganz neu!
Gottes Barmherzigkeit ist alle Morgen neu!
Gottes Gnade ist auch heute neu!
Gottes alleumfassende Liebe ist heute auch neu und groß!
Wißt Ihr, ich lebe von lauter Neuigkeiten!
Dann steigt Schwester Berta vergnügt wieder aufs Fahrrad und fährt weiter zum „nächsten Dienst".

„Nicht zu langsam – sie sterben sonst!"

Dies Wort von Vater Bodelschwingh sollten lebendige Christen sich stets vor Augen halten und einander zurufen. Die beiden folgenden Berichte sind gewiß interessant. Aber sind sie bloß interessant? Nein, wir wünschen, daß manche Leser hier einen Auftrag erkennen. Erwägen wir betend, wie wir das Wort des Lebens zu Menschen tragen können, deren Verlangen nach Ewigem groß ist. Bibelteile in den verschiedensten Sprachen können bei der „Mission für Süd-Ost-Europa" bezogen werden.

Im Zirkus

Mit Schriften und Blättchen beladen betrete ich den Bürowagen. Er ist der erste in der Reihe weißschimmernder Wohnwagen, die sich um die Manege gruppieren.

Freundlich dankend nehmen alle Wort und Schrift entgegen. Dann singe ich mein Lied: „Wir haben einen Felsen, der unbeweglich steht." Still hört groß und klein zu. Eine Frau drückt mir die Hand: „Ich wußte, daß Jesus uns nicht vergessen hat, heute kommt er zu uns." Sie will mir Geld geben „für die Rückfahrt".

Ihre Pflegetochter bittet um ein Neues Testament und nimmt es strahlend entgegen. Ein Artist ist zunächst ablehnend, berichtet dann von Enttäuschungen, aber auch von Bewahrung, als er fünfzehn Meter tief abstürzte, ohne sich zu verletzen. Nach dem Gespräch ist er dann doch gern bereit, etwas zu lesen.

32

Auch der junge Mann, der das Eingangstor himmelblau und silbern anmalt, bittet um ein Neues Testament. Die Kleinen jauchzen mit ihren Bibelspruchkärtchen herum, die ihnen vom Heiland sagen. Besondere Freude erlebe ich in den Wagen der Ungarn und Ukrainer, als ich ihnen Bibelteile in ihrer Sprache gebe. Sie finden nicht Worte, aber ihre strahlenden, dunklen Augen sind beredter als Gesten und Worte.

Auf der Kirmes

Seit Jahren suche ich die Schausteller auf. Sie erwarten mich schon. Eine Frau dort gibt mir eine Mark für meine Blättermission. Eine katholische, mir bisher unbekannte Familie, sieht die angebotenen Schriften kritisch durch, bis sie der Herr an eine besondere Bewahrung vor einem Unfall auf der Herfahrt erinnert. Das läßt sie jäh erschrecken: „Was wird aus uns, wenn wir sterben?" Die Angst steht in ihren Augen.

Sie staunen, als ich ihnen von meiner Heilsgewißheit sage, und bitten mich, ihnen den Weg dahin zu zeigen. Wir verabreden einen Tag, und am folgenden Abend sitzen wir zwei Stunden lang beisammen. Aufmerksam lauschen Eltern, Kinder und Verwandte dem Wort der Bibel. Fragen brechen auf. Die Schrift antwortet. Sie staunen, was alles in der Bibel steht, und wollen sich Bibeln kaufen.

Beim Abschied sagt die Frau: „Sie müßten mit uns fahren und uns jeden Abend lehren, bis wir auch haben, was Sie haben. Wir Schausteller haben den Heiland besonders nötig." Wir verabreden einen weiteren Abend im Nachbarort, wo sie dann sein werden.

Wieder werde ich dort zuerst bewirtet. Dann zeigen sie mir ihre Bibeln und bitten mich, ihnen Sprüche und meine Anschrift hineinzuschreiben. Gern suche ich einige Kernworte. Die Hausfrau möchte einen Wandspruch für ihre Küche haben . . .

Bis Mitternacht sitzen wir um das ewige Wort. Sie freuen sich sehr, es nun selbst zu besitzen. Je mehr sie es kennenlernen, desto begieriger sind sie, es zu hören. Solange sie in der Gegend sind, kann ich ihnen nachradeln. Später schreiben wir uns.

Der Herr, der das Suchen weckt, möge auch brennende Herzen schenken, die den Weg zum Heil weisen, damit es Wahrheit werde, was in dem slowakischen Lied der Zigeunerknabe singt: „Daß keiner mehr klagt: Niemand hat je mir vom Heiland gesagt."

Die persönliche Seite

Vor mir liegt das Notizbuch des Jahres 1967. Die erste Seite mit den Personalien sieht in Schwester Bertas Kalender so aus:

Weltfirma „Hecken & Zäune"
der Süd-Ost-Europa Mission
Berta Isselmann
5911 Kredenbach üb. Kreuztal

Telefon: Psalm 138, 3.

„Wenn ich dich anrufe, so erhörst du mich und gibst meiner Seele große Kraft."

Lebensversicherung: Johannes 11, 25 u. 26.

„Ich bin die Auferstehung und das Leben; wer an mich glaubt, wird leben, ob er gleich stürbe . . .", spricht Christus.

Feuerversicherung: Jesaja 43, 2 b.

Gott spricht: „So du ins Feuer gehst, sollst du nicht brennen, und die Flamme soll dich nicht versengen."

Unfallversicherung: Amos 3, 6b; Psalm 139,5.

„Ist auch ein Unglück in der Stadt, das der Herr nicht tue?" „Von allen Seiten umgibst du mich, mein Gott, und hältst deine Hand über mir."

Haftpflichtversicherung: Römer 8, 31-34; Johannes 10, 28.

„Ist Gott für uns, wer mag wider uns sein? Wer will die Auserwählten Gottes beschuldigen? Gott ist hier, der da gerecht macht. Wer will verdammen? Christus ist hier, der gestorben ist, ja vielmehr, der auch auferweckt ist, welcher ist zur Rechten Gottes und vertritt uns!"

Jesus spricht: „Ich gebe ihnen das ewige Leben, und sie werden nimmermehr umkommen, und niemand wird sie mir aus meiner Hand reißen."

Bankkonto: 2. Chronik 25,9b.

„Der Herr hat noch mehr, das er dir geben kann denn hundert Zentner Silber."

Kleider: Jesaja 61, 10; Sacharja 3, 4b.

„Meine Seele ist fröhlich in meinem Gott, denn er hat mich angezogen mit Kleidern des Heils und mit dem Rock der Gerechtigkeit gekleidet."

„Ich habe deine Sünde von dir genommen und habe dich mit Feierkleidern angezogen."

Schuhe: Epheser 6, 15.

„An den Beinen gestiefelt als fertig, zu treiben das Evangelium des Friedens."

Hut: Epheser 6, 17 a.

„Nehmt den Helm des Heils!"

„Wir haben alles, alles in dir, Herr Jesus Christ!"

„Nötigt sie, hereinzukommen!"

Mit Hunderten von Testamenten und vielen Schriften beladen radle ich dem nahen Zirkus zu. Die Direktion empfängt mich sehr freundlich, bittet mich, gut aufzupassen, damit ich niemand übersehe und jeder sein Testament bekommt. Gern hört man dem fröhlichen Singen zu. Wort und Schrift werden dankbar angenommen: „Vielen Dank!" „Das hatte ich mir schon lange gewünscht!" – „Ich bin die Luftnummer, ich brauche eine Bibel!" – „O wie schön, das muß man mit Andacht lesen!" – „Wir Musiker haben Zeit, jeder muß ein Testament für sich haben!", so tönt es.

Zwei Neger, Mohammedaner, sprechen wohl mehrere Sprachen, können aber nur arabisch und ungarisch lesen. Wie dankbar nehmen sie das ungarische Johannesevangelium an! Johannes 3,16 wird als besonders wichtig angestrichen. Einige Schulreiterinnen sind des dauernden Trainings wegen nie zur Schule gegangen. Sie können weder lesen noch schreiben. Wie nötig ist es da, die Botschaft von der gekreuzigten Liebe von Mund zu Mund weiterzugeben! Eine Jugoslawin freut sich über das Evangelium in ihrer Sprache und erbittet eins in Ungarisch für ihre Mutter, die nur ungarisch liest und keinerlei geistliche Nahrung hat.

Vereinzelt finden sich auch Gotteskinder im Zirkus: ein ungarischer Baptist, ein junger Tscheche, ein Mediziner, der Missionar werden will, ein Flüchtling, der mit Methodisten zusammengekommen war. Sie freuen sich besonders, und es ist ein herzliches Grüßen in der Verbundenheit des Siegers von Golgatha.

Im Pferdestall strahlt mich ein junger Mann an, schwenkt Bibel und Losung. „Sie hatten wohl nicht gedacht, hier einen Bruder zu finden?" Ehemals Katholik, ist er schon als Junge aus der Kirche ausgetreten. Er hörte in Mainz das lebendige Zeugnis christusfroher Studenten. Das bewegte ihn so sehr, daß er an einer Freizeit teilnimmt und den Heiland findet. Im Zirkus wohnt er im stillen Packwagen. Abends liest er seinen Kameraden aus dem Wort vor, erklärt es ihnen und möchte sie auch zum Heiland führen. Wie sehr sie alle angefaßt sind, beweist das dringende Bedürfnis, eine eigene Bibel zu besitzen.

Im vorigen Herbst hielt ich auf Wunsch in einem Kirmeswagen Bibelstunde. An ihr nahm auch die „Kasperle-Frau" teil. Eine Frau, die hungert und dürstet nach der Gerechtigkeit. Seit diesem Abend betet sie und erlebt auch manches mit Gott, wie sie mir kürzlich berichtete. Sie steht kurz vor der Bekehrung. Der Herr möge ihr das Herz öffnen und ihren Hunger stillen.

Ein Tagwerk für den Heiland

An manchen Dienststellen muß auch sonntags Dienst getan werden. Hier muß Gelegenheit sein, Gottes Wort zu lesen.

Mit Bibeln und Schriften beladen radle ich die Bahnstrecke entlang zu Stellwerken, Schrankenwärtern, Bahnhof, Wagenhallen der Straßenbahn, Tankstellen . . .

Freundlich dankt der diensttuende Beamte. „Eine feine Idee!" sagt ein Katholik. Es ergeben sich Gespräche. In die Bibel schreibe ich die Bezeichnung der Dienststelle, lege sie in die Tischschublade. Nun gehört sie zum Inventar.

Im Vorübergehen reiche ich den Wartenden bei der Bank auf dem Bahnsteig ein Blatt. „Das ist der wunde Punkt!" nickt einer. „Ja", entgegne ich, „der wird auch nur an Wunden heil!" Er versteht.

Im Weitergehen gebe ich meine Blätter jungen Männern, die gemütlich zusammensitzen. Nur einer wehrt ab: „Hab' ich schon gelesen!" Als ich ein anderes anbiete, sagt er: „Es ist ja doch immer dasselbe; ich gehöre zu den Menschen, die sofort tun, was ihnen einmal gesagt wird."

„Wenn also jetzt der Herr Jesus zu Ihnen sagt: ,Gib mir, mein Sohn, dein Herz!', so tun Sie es sogleich ohne Zögern?" frage ich. Betroffenes Schweigen – getroffenes Herz?

Als die Dorfjugend mich mit den Blättchen kommen sieht, ruft sie: „Haben Sie Wahlzettel?" „Ja natürlich, Christus oder Satan", erwidere ich.

Jemand fragt: „Haben Sie Liebesgeschichten?" „Ja, die größte Liebesgeschichte, die es gibt nach Johannes 3, 16." Still nimmt der Betreffende ein Testament an.

Auf einer Bank im Park sitzt ein Mann, sein Hündchen auf dem Schoß. Ich versuche, den Hund zu locken, der rührt sich nicht. Herrchen sagt stolz: „Der hört nur auf die Stimme seines Herrn." Ich darauf: „Hören Sie auch nur auf die Stimme des Herrn Jesus?" Er hat verstanden.

Morgens früh radle ich durch die Gegend. Ein Mann sitzt im Gras. „Haben Sie schon Ihre Morgenandacht gehalten?" frage ich. Sein Erstaunen genügt. Rasch setze ich mich zu ihm und lese Losung und Bibellese mit ihm.

Abends muß ich telefonieren. Zu diesem Zweck gehe ich in eine geräumige Gaststube. Nach dem „Gespräch" denke ich, die Gelegenheit ist günstig, und beginne, Blätter (ich habe stets viele dabei) zu verteilen. Alle nehmen an. Ein Herr schenkt mir sogar eine Mark für meinen Dienst. Es ergibt sich ein Gespräch mit der Tafelrunde. Jemand kennt mich und erzählt den andern, wie ich früher war. Gern ergänze ich und darf freudig bezeugen, was der Herr an mir getan hat.

Ich entdecke ein Klavier, und schon klingt es jauchzend: „Bin ein königlich Kind." Sie wollen noch ein Lied hören, und ich spiele und singe mit Freuden.

Am Karfreitag im Zirkus

Karfreitag, der Vortag der Eröffnungsvorstellung des Zirkus in unserem Kreisstädtchen. Ich fahre mit Schriften und Evangelien in achtundzwanzig Sprachen los. Der Straßenbahnschaffner möchte, daß ich allen Mitreisenden ein Blatt gebe. Nichts lieber als das!

Der Fahrer hält in Zirkusnähe, weil ich schwer zu schleppen habe an kostbarem Gut. Wie freundlich vom Herrn!

Im Bürowagen des Zirkus bin ich nicht erwünscht. Man nimmt mürrisch die Blätter entgegen. Im Pressewagen lächelt ein freundlicher Herr, dankt sehr, hat aber leider auch keine „Liedlänge" Zeit. Im Wagen der Näherinnen sind nur „Zeugen Jehovas" zulässig. Die Eltern haben sich dort angeschlossen. Aber gleich nach dem ersten Lied, das ich ihnen singe, ist das vergessen. Die Mädchen sind durch tiefe Not gegangen und offen für den einzigen Trost, den es gibt. Nachher bedauern sie, nur 25 Pfennige zu besitzen, die ich unbedingt nehmen muß. Herzlich danken sie für den lieben Besuch. – In der Manege trainiert der russische Jockey. Wie freut ihn ein Evangelium in der Heimatsprache! Er zeigt es überall herum, schaut immer wieder auf die vertraute Schrift. Ebenso ein Pole. Er strahlt. Auch Engländer, Italiener, Franzosen danken bewegt für die heimatnahe Gabe. Meine lieben Chinesen sind leider Analphabeten, dem kranken Herrn Sun kann ich ein Wort sagen. Seine deutsche Frau ist beglückt über Losung und Bibel. Wir trinken Tee zusammen.

„Haben Sie Kriminalromane?" tönt es aus dem Musikwagen. „Ja", antworte ich, „die sensationellste, ergreifendste, weltbewegendste Kriminalgeschichte aller Zeiten: Drei sind verurteilt, einer wird begnadigt, ein Unschuldiger dafür ans Kreuz gehängt." – „Haben Sie die neueste Illustrierte?" ruft es aus dem nächsten Wagen. „Ja", kann ich wieder sagen, denn die Karfreitagsnummer der „Rettung" ist reichlich illustriert. Das Lied: „Wir haben einen Felsen" gefällt ihnen gut. Sie wissen auch gleich, in welcher Tonart ich es singe, so sprechen wir von unserer geliebten Musik. Ich versuche, sie dabei in die himmlische Harmonielehre einzuführen, erkläre ihnen den harmonischen Dreiklang: „Höher, heller, herrlicher!" und das neue Lied: „Ehre sei dem Lamm!" Wie sie alle aufhorchen! So etwas haben sie noch nie gehört.

Ein junger Mann wünscht einen gemalten Spruch. Es soll aber unbedingt der Name Jesus darin vorkommen. Viele Hände greifen nach diesen Sprüchen, die ein alter, lieber Bruder malte.

Eine junge Stepptänzerin, Mutter von zwei Töchtern, heimatlos, ungeliebt aufgewachsen, hat noch nie von Jesus gehört. Gleichgültig nimmt sie ein Bibelteil entgegen. Es ist eine ihr fremde Welt. Niemand kümmerte sich bisher um ihre Seele – wer wird sich weiter ihrer annehmen? Arme, liebe kleine Erna!

Die Direktion ist „verreist", sagt man mir. Die Wirtschafterin schreit mir von weitem entgegen: „Ich bin katholisch. Gehen Sie weg mit dem Zeug! Ich will nichts davon wissen." Dabei klappert sie beim Spülen energisch mit Geschirr.

„Darf ich Ihnen abtrocknen?" wage ich mich vor. Sie reicht mir ein Tuch. Die gemeinsame Arbeit wirkt Wunder. Sie taut auf, erzählt mir ihren Leidensweg, nimmt den Trost des Evangeliums in Wort und Schrift dankend an und kocht mir eine Tasse Tee.

Als ich beim nächsten Wagen anklopfe, öffnet sich die Tür nur einen Spalt. Mit Donnerstimme warnt jemand vor dem bissigen Hund und verbittet sich jedes Näherkommen: „Keine Zeit!"

„Bissige Hunde liebe ich", bedeute ich ihm. Da öffnet er einladend die Tür: „Wenn Sie bissige Hunde lieben, kommen Sie nur rein!" Aber der besagte Hund, ein Prachtexemplar, rührt weder Schnauze noch Pfote, als ich eintrete.

Der Herr Zirkus-Direktor liebt außer Tieren nur seine bildschöne Frau, eine Spanierin, und – Missionare. Er hat sie auf seinen Weltreisen kennengelernt. „Die bringen Opfer, die lieben auch die schlechten Menschen. Ein Missionar hat mir mal geholfen." So berichtet er.

„Demnach lieben Sie mich auch. Ich bin auch Missionarin."

Freundlich, wie alle im Wagen, unterbricht er seine

wichtige Besprechung und hört zu. Gott verehrt er. Mit Jesus weiß er nichts anzufangen. Er erbittet meine Adresse, nimmt ein Evangelium und Blätter. Auf einmal hat er Zeit und lädt mich sogar zum Mittagessen ein.

Währenddessen schläft der „bissige" Hund wie leblos in seiner Ecke. Nur ungern verlasse ich den Weltensegler.

Nun bin ich bei dem lieben kleinen Clown im Wagen, der so sehr unter seiner verwachsenen Gestalt leidet und so einsam und unverstanden ist. Es ist Mittag. Seine Kameraden bringen Essen. Ein Artist sagt: „Früher haben wir zu Hause gebetet." Für mich die Gelegenheit für ein Dankgebet.

Alle sind bewegt. Ich gebe jedem ein Neues Testament und spreche von dem Gekreuzigten, der auch für Clowns und Artisten verblutete. „Ist das wahr?" – „Steht das da drin?" – „Kann man das nachlesen?" – „Gilt das mir?" So fragen sie.

Der Herr möge sie zu seinen Jüngern machen, daß auch sie fröhlich seine Güte rühmen. Der liebe Clown schenkt mir Schokolade und erbittet meine Adresse. So darf ich ihm weiter dienen. Der Herr hat den Schlüssel auch zu seinem Herzen.

Missionsreise erster Klasse

Auch die Fahrgäste erster Klasse müssen von Jesus hören. Einige Dienstreisen geben Gelegenheit dazu. Als Anknüpfung dienen Spurgeons „Kleinode göttlicher Verheißungen". Wegen meiner kranken

Augen kann ich die Schrift selbst nicht mehr entziffern. Aber wenn ein Fahrgast mir laut vorliest, werden auch die Mithörenden gesegnet.

Die Dame mir gegenüber löst eifrig Kreuzworträtsel. Als sie innehält, bitte ich sie höflich, mir die Andacht des heutigen Tages vorzulesen. Sie lehnt ab: „Ich gehöre zur Landeskirche."

„Ich auch", erwidere ich. „Wir müssen aber zu Jesus selbst gehören. Er hat die Rätsel Ihres Lebens und das Rätsel Ihres Todes am Kreuz auf Golgatha für Sie gelöst. Das können Sie nicht auf dem Papier."

„Ich tue, was ich will", wehrt sie ab, worauf ich antworte: „Das ist das Neue in der Nachfolge Jesu: Wir brauchen nicht mehr zu tun, was wir *wollen*, wir dürfen tun, was wir *sollen*."

Im Nebenabteil ist dann ein junger Mann gern bereit, die köstlichen Verheißungen mit den Erklärungen vorzulesen. Er tut es mit Wärme und innerer Anteilnahme. Freundlich dankt er für meine Liedkarte. Wir kommen in ein Gespräch. Während er seine Hilfsbereitschaft mehr als soziale Tat einer alten Dame gegenüber betrachtet, wirkt der Heilige Geist an seinem Herzen.

Erwartungsvoll sitze ich ein andermal im eleganten Polstersessel des D-Zug-Abteils; vorläufig noch allein. Nebenan höre ich die eifrige Diskussion einiger gelehrter Herren, die anscheinend von einer Konferenz kommen. Als es still wird, gehe ich mit den „Kleinoden" zu ihnen hinüber und bitte sie, mir vorzulesen.

Der erste schaut das Büchlein, das mir eine Strafgefangene so schön in hellrotem Leder mit Goldgravierung eingebunden hat, kritisch an. „Nein, das kann ich nicht lesen!" – „Ich auch nicht!" Der dritte und der vierte verneinen ebenfalls, und ich erhalte das Büchlein zurück. Keiner ist in der Lage, Gottes Wort zu lesen.

„Jesus hat Sie lieb", sage ich ihnen. „Na, Gott sei dank", erwidert einer. „Haben Sie ihm wirklich schon dafür gedankt?" Ich gehe auf meinen Platz zurück und flehe zum Herrn, er möge Fahrgäste zu mir einsteigen lassen.

Bei der nächsten Station kommen zwei Frauen in meine Nähe. Dankbar bitte ich die junge Frau, mir vorzulesen. Sie sagt zu und setzt sich zu mir. Als sie gerade beginnen will, wird sie von einem Bekannten begrüßt, der sich neben ihr niederläßt.

„Nun ist's aus mit dem Vorlesen", denke ich. Doch sie erklärt ihrem Nachbarn: „Zuerst will ich etwas lesen!"

Laut und vernehmlich erklingt die Botschaft der Liebe Gottes. Es ergibt sich ein Gespräch, und alle sind dankbar für eine Karte mit meinem „Freudenlied".

Später sitze ich mit einer Familie im selben Abteil. Bereitwillig nimmt die junge Frau meine „Verheißungen" in die Hand. „Die ganze Seite soll ich lesen?" fragt sie.

„Ja, bitte."

Mit viel Pathos beginnt sie: „Glaube an den Herrn Jesus Christus, so wirst du und dein Haus selig!" Die Worte sind ihr zu mächtig. Ihre Arme sinken herab. „Ich kann nicht weiterlesen."

Ihr Mann bedauert: „Ich habe keine Brille dabei." Nebenan frage ich vergebens einige Herren. „Ich bin müde" – „Ich will schlafen" – „Ich habe eine lange Reise hinter mir". Endlich liest ein junger Mann die ganze kostbare Seite von der Seligkeit durch den Glauben an Jesus Christus.

Regulär fahre ich Nichtraucher. „Jesus fährt auch Raucher", denke ich dann. „Alles, was ich rieche, sehe oder höre, will ich überlieben." Also suche ich mir ein Raucherabteil, lasse mich darin nieder und weiß mich am richtigen Platz.

Der Herr mir gegenüber bedauert, nicht lesen zu können. Er ist Franzose. Eine freundliche Frau im Nebenabteil hilft mir. Sie liest mit innerer Anteilnahme. Wir kommen ins Gespräch. Sie ist Leipzigerin und wohnt in Argentinien. Ich spüre ihr ab, daß sie den Heiland liebt. „Wir meinen, *wir* fahren nach Zürich", erkläre ich, „doch in Wirklichkeit *werden* wir gefahren. Wir lassen uns fahren. So ist es auch bei unserer Lebensfahrt. Wir werden gefahren, nach oben oder nach unten.

Von Natur aus sitzen wir alle im falschen Zug. Ob ich im falschen Zug die Bank demoliere oder mich sittsam benehme, spielt keine so große Rolle. Aber ich muß raus, weil der Zug falsch ist. Wenn ich mit Jesus umgestiegen bin, dann schleppe ich nichts mehr mit. Alle Sündenpakete und Sorgenpäckchen sind bei Jesus abgegeben. Der Zug nach oben hat keine Packwagen. Verstehen Sie das?"

Sie bejaht.

„Sind Sie schon umgestiegen?"

„Nein."

Ich sage ihr von Jesu Liebe, der uns mit dem eignen Blut dem Teufel abgekauft hat.

„Mit dem Teufel will ich nichts zu tun haben", pflicht sie erschrocken bei. Ein Herr verläßt an dieser Stelle unser Abteil. Jesus geht mit; der Stachel sitzt.

Meine Zuhörerin aber bleibt ganz Ohr. Zuletzt nimmt sie gern eine Liedkarte, auf der meine Adresse steht.

„Schreiben Sie mir, wenn Sie in den Zug nach oben umgestiegen sind?"

„Ja", sagt sie mit Nachdruck.

„Gott hat mich reich gesegnet mit einer Gürtelrose!"

Vor einigen Wochen hielt ich in Kredenbach, dem Heimatort von Schwester Berta, eine Bibelstunde. Man bat mich, Schwester Berta nach der Versammlung zu besuchen, da sie plötzlich erkrankt sei. Kurz vor 10 Uhr abends komme ich hin. Sie liegt im Bett und sagt: „Adolf, der Herr hat mein linkes Bein mit einer Gürtelrose gesegnet nach dem Lied: ‚Sein Tun ist lauter Segen!' "

Zehn Tage war sie noch zur Behandlung im Krankenhaus, und bald war sie wieder gesund. Freudig verkündigte Schwester Berta dann allen, mit denen sie zusammentraf: „Die frische Alte ist wieder in alter Frische für Jesus unterwegs!"

„Geht aus auf die Landstraßen . . .!"

Ein unzufriedener Kaufmann wartet mit mir auf den Omnibus. Als ich ihm sage, daß der Friede Jesu zufrieden und froh macht und das Wort Gottes eine

46

Kraftquelle ist, will er sich sofort ein Neues Testament kaufen. Staunend hört er von der unbegreiflichen Gottesliebe, in der Jesus für ihn am Kreuz verblutete. Im Bus unterhalten wir uns weiter. Das mondäne Dämchen gegenüber und der Herr daneben hören mit.

An der Straßenecke vor der Zeitschriftenverkaufsbude stehen einige Männer. Es sind Juden. Sie nehmen gern ein Blatt. Der gesungenen Weisung: „Komm zum Kreuz mit deinen Lasten, müder Pilger du . . . !" hören sie still zu; auch der frohen Botschaft von Jesus, ihrem Messias. Gern geben sie mir ihre Anschriften, damit ich ihnen Gottes Wort in polnischer, italienischer, ungarischer und hebräischer Sprache schicken kann. Sie bitten um meine Adresse, damit ich ihre Fragen beantworten kann.

Und dort steht ein Wohnwagen des Straßenbaus. Einladend raucht der kleine Schornstein. Der junge Mann darin dankt herzlich für den guten Lesestoff. Wie strahlt sein Gesicht, als ich ihm eine Bibel gebe! „Wie lange darf ich sie behalten?" Er begreift nicht gleich, daß sie sein Eigentum ist. Fest drückt er mir die Hand.

„Haben Sie Blätter für uns?" rufen die Arbeiter, die die Oberleitung des elektrischen Busses reparieren. „Ich komme in die Hölle", sagt einer traurig. „Im Krieg habe ich viele Menschen totgeschossen." Während ich ihm den Sünderheiland verkündige, dessen Blut auch für ihn ausreicht, hellt sich sein Gesicht auf. Getröstet arbeitet er weiter.

Abends kommt mir ein Radfahrer mit trüber Beleuchtung entgegen. „Wenn Sie im Herzen nicht mehr Licht haben als an Ihrem Rad, kommen Sie nicht ans Ziel", spreche ich ihn an.

„Ich habe nichts gegen Gott", antwortet er.

„Aber Gott hat viel gegen Sie. Darum muß ich mit Ihnen fahren."

So radle ich zu ihm hinüber und erzähle ihm vom himmlischen Licht- und Kraftwerk.

Während ich eine ängstliche Frau heimbegleite, bitte ich den Herrn, mir auf dem Rückwege einen Menschen zu schenken, dem ich von Jesus sagen darf. Da kommt mir ein junger Mann entgegen. Ich weiß genau: Der ist es. Aber ich habe die Frau noch nicht verabschiedet. Als ich dann frei bin, ist weit und breit niemand mehr zu sehen. So singe ich dem Herrn mein Lied, denn die Freude an ihm ist ja meine Stärke (nicht die Freude am Dienst für ihn): „Wir haben einen Felsen . . .", klingt es durch die Straßen. Da kommt mir der junge Mann von vorhin entgegen. „Sie haben bestimmt Angst, weil Sie so singen. Da will ich Sie doch nach Hause bringen."

„Wie froh bin ich, daß der Herr Sie zurückschickt. Ich möchte Ihnen von Jesus sagen", erwidere ich.

„Da haben Sie aber den Richtigen erwischt", meint er unsicher. „Ja, das rieche ich schon (er hat eine ‚Fahne'); haben Sie eine Bibel?" „Nein, ich bin fremd hier, habe ein Zimmer."

Als wir zu meiner Wohnung kommen, heiße ich ihn einen Moment warten, hole ihm eine Bibel und begleite ihn nach Hause.

Ein Betrunkener fragt mich nach der Schloß-Schenke. Ich nehme ihn an den Arm, was er sich widerwillig gefallen läßt. Vor einem Gasthaus reißt er sich los. Ich überhole ihn und verwehre ihm den Eingang. Er wird wütend.

„Sie sind unter die Mörder gefallen, da kann ich Sie doch nicht liegenlassen."

„Unter die Mörder gefallen", wiederholt er lallend – und läßt sich nun willig führen, „ich bin unter die Mörder gefallen . . ."

In seine Mappe lege ich die „Rettung" und klemme sie ihm dann wieder unter den Arm. Da kommen uns seine Bekannten entgegen. Sie nehmen ihn mit nach Hause.

Im Dunkeln hält mich ein Raucher an: „Haben Sie Feuer?" „Jawohl, ich wünschte, es brennte schon." Die Auslegung dazu vergißt er nie.

Beim Liesel brennt's!

Ein Plakat erregt meine Aufmerksamkeit: Tegernseebühne – „Beim Liesel brennt's!" Daraufhin schreibe ich den Schauspielern einen Brief und der Liesel noch einen besonderen mit folgendem Inhalt: „Seit ich weiß, daß es bei Ihnen brennt, habe ich Unruhe um Sie. Wer mit Feuer spielt, verbrennt sich! – Da muß ich Ihnen von einem anderen Feuer sagen. Das Herz des Heilands brennt für Sie, und er ist gekommen, ein Feuer anzuzünden auf Erden. Seit neunzehn Jahren brennt mein Herz für ihn, für alle Menschen, für Sie – und schließe: Wie würden sich die Engel im Himmel freuen, wenn der Heiland von Ihnen sagen könnte: Beim Liesel brennt's!"

Trunkensein von den reichen Gütern Seines Hauses –
ist biblische Nüchternheit

Eintritt streng verboten = herzlich willkommen!

Das vor mir liegende Foto zeigt einen gutaussehenden Herrn mit lächelndem Gesicht. Ich lese auf der Rückseite dieser Bildkarte eine Widmung: „Eine Begegnung mit Dir, liebe Schwester Berta. Du als Angel des Herrn und ich als Fisch im Teich. Ich schnappte, und Deine Angel zog mich heraus; direkt bis zum Herrn. So wurde ich gerettet für die Ewigkeit. Der Herr segne Dich dafür!

> *Dein Bruder in Jesus*
> *Laci Aràny i"*

Laci Aràny i wurde 1909 in Rumänien geboren. Der plötzliche Tod seines Vaters zwang ihn, als Geiger im Kino zu spielen, um die Mutter und die Schwester zu ernähren. Später mußte er mit dem Aufkommen des Tonfilms auf Tournee gehen. Er arbeitete in Teheran, durchzog den Nahen Osten, Ägypten, Libanon, Griechenland und die Türkei. Zuletzt war er Kapellmeister im Café Maxim bei Zürich – und dann begegnete er Schwester Berta Isselmann:

Nach einem Missionsdienst in Zürich begleitete mich Pfarrer Gerhard Möller zum Hauptbahnhof. Da steht auch schon der Schnellzug abfahrbereit, und ich steige ein. Als der Zug sich in Bewegung setzt, rufe ich als Abschiedsgruß Pfarrer Möller laut mein Lieblingswort aus der Bibel zu: „Das Licht der Gerechten brennt fröhlich!" Dann hat der D-Zug die Bahnhofshalle verlassen.

Jetzt schaue ich mich im Abteil um, wer noch mitfährt. Es ist nur *ein* Fahrgast. Sein Gesicht ist hinter einer ausgebreiteten Zeitung versteckt, so daß ich nur seine Beine sehen kann.

„Sie lesen scheinbar gern?" frage ich. Keine rechte Antwort. Ich gebe ihm ein Evangelisationsblatt. Er brummt einen Dank, steckt das Blatt unbesehen in seine Tasche und liest seine Zeitung weiter.

„Sie sind doch kein Schweizer und auch kein Deutscher?" sage ich. „Ungar!" erwidert er hinter seiner Zeitung.

„Das ist aber schön. Geben Sie mir Ihre Adresse. Sie bekommen von unserer Mission eine ungarische Bibel, Traktate und Briefe."

Ärgerlich meint der Mitreisende hinter seiner Zeitung: „Literatur habe ich genug, mir fehlt der Anschluß!"

Da erzähle ich ihm, wie der Herr Jesus bei mir den „Anschluß" gemacht hat: „Ich konnte ohne Musik nicht leben."

„Ich auch nicht!" sagt der Mann hinter der Zeitung.

„Was spielen Sie denn?"

„Geige", sagte der Zeitungsleser.

„Und ich spiele Klavier und bin Klavierlehrerin. Geben Sie mir bitte Ihre Adresse. Ich schreibe Ihnen dann."

„Sie können mir lange schreiben. Ich antworte jedenfalls nicht!"

Aber nach sechs Wochen schreibt er mir doch. Später erzählt er mir: „Als du den Bibelspruch aus dem Zug riefst: ‚Das Licht der Gerechten brennt fröhlich!', wußte ich: Jetzt geschieht etwas mit mir. Ich wußte nur nicht, was es sein würde."

Heute ist Laci Aràstoyi Missionar.

Bei Zigeunern

Ein Pfarrer des Siegerlandes erzählte an einem Sonntag in der Predigt mit großer Freude von einem Erlebnis, das er in der Woche machte. Er kam am „Zigeunerplatz" vorbei, wo sich gewöhnlich „fahrendes Volk" aufhielt. Plötzlich hörte er Kindergesang. Es sind für ihn vertraute Klänge. Mit Begeisterung singen die Kinder: „Gott ist die Liebe, er liebt auch mich!" – Erstaunt fragt er die Kinder: „Sagt mir doch mal, wo habt ihr denn dieses schöne Lied gelernt?" Glücklich antworten die Kinder: „Von der Schwester Berta! Von wem denn sonst?"

Ja, von wem sollen die Zigeunerkinder denn sonst solche Lieder lernen?

Kleine Zelte am Waldrand, Kinderwagen, braune Gestalten mit glänzenden, schwarzen Augen um hell-lodernde Lagerfeuer. Mit einem großen Brot, Taschentüchern mit Märchenbildern für die Kleinen, Schriften mit Bildsprüchen komme ich dazu. Freundlich erwidern alle meinen Gruß. Freude und Erstaunen zugleich liegt in ihrem Blick. Sie sind keinen Besuch gewöhnt, aber gleich bereit, mein Zigeunerlied „Gott ist die Liebe" zu lernen. Johannes 3,16 ergibt sich, und still hören alle zu, auch die lieben Schirmflicker von der nahen Wiese, welche sich hinzugesellt haben. Deutsche und ungarische Blätter und Schriften nehmen sie gern an.

Nach einer Klavierstunde, ich will gerade zur nächsten Schülerin, faßt mich jemand am Arm. Bittende Zigeuneraugen schauen mich an: „Kommen Sie heute abend? Sagen Sie uns von Jesus? Singen Sie mit uns?"

Froh und gern verspreche ich zu kommen. Abends gießt es in Strömen. Mein Rad ist fast neu. Soll ich fahren? Da gebe ich mir einen Ruck, schäme mich, daß ich mein Rad vor Rost schützen und lieber zu Hause bleiben wollte. Mein Rad? Gehöre ich nicht Jesus? Dann gehört Zeit und Geld und auch das Rad ihm! Es ist ein *Dienstrad.*

Rasch schenke ich Jesus mein Rad, und nun kann es vergnügt über den glatten Asphalt spritzen.

Es wird dunkel. Wo finde ich meine geliebten Zigeuner? Einige Frauen auf der Straße staunen mich an, als ich nach deren Aufenthalt frage. „Gehören Sie etwa dazu?" „Ja", rufe ich zurück. „Und *wie* ich dazu gehöre!"

Nach langem Suchen finde ich sie endlich. Eine 86jährige Großmutter sitzt am Lagerfeuer, schwenkt gewaschene Wäsche darüber hin und her. Zur Nacht muß trockenes Zeug ins Zelt. Stroh ist rar.

Wie freut sich die liebe Alte über ein paar dicke schwarze Wollstrümpfe! Ihr Gesicht strahlt. Mehrere kleine Zelte sehe ich. In einem schlafen neun Personen. Es gießt. Unter unserem Blätterdach sind wir geschützt: viele Kinder, einige Frauen, ein Mann. Die liebe Oma steckt sich gerade eine Pfeife an. Und nun wird gesungen und der Zigeunerheiland gepriesen, der uns so lieb hat, daß er uns alle bei sich haben möchte. Über eine Stunde lang freuen wir uns zusammen.

Am liebsten führe ich mit ihnen, um ihnen noch mehr zu sagen von der verborgenen Kreuzesherrlichkeit.

Im Bauarbeiterlager

Mit Evangelien und Schriften wandere ich dem Bauarbeiterlager zu. Den lieben Kroaten gilt mein Besuch heute besonders. Ich habe das Lukasevangelium in ihrer Sprache dabei. In Stube 6 sind mehrere Deutsche und vier Kroaten. Als ich nach den lieben Kroaten frage, leuchtet ihr Gesicht. „Nie sagte jemand zu uns ‚liebe Kroaten'. Sie sind die erste, die das tut", meint einer. Wie wohl tut Ihnen ein liebes Wort, wie freut sie mein Lied: „Ich bin durch die Welt gegangen"! Fröhlich bezeuge ich ihnen die Liebe Gottes in Christus Jesus. In Zimmer 7 wohnen nur Kroaten. Ich lasse mich häuslich nieder, gebe jedem die frohe Botschaft in seiner Heimatsprache. Sie staunen. Auch hier umfängt uns die gekreuzigte Gottesliebe. In den Händen glücklich ihr Evangelium haltend, hören sie gespannt zu. Da fließt das Herz über, und die Lippen jauchzen vom Heiland, der auch die Kroaten gewinnen möchte, die so heimatlos und ein wenig verachtet sind.

Als ich schweige, bleibt es still, wir beten zusammen – wieder tiefe Stille. Strahlen der ewigen Heimatsonne haben ihre Herzen berührt. Schwer wird es mir, weiterzugehen.

Ein andermal komme ich zunächst in eine Stube mit Deutschen. Ein junger Mann wirft einen Blick auf meine Blätter und beginnt zu erzählen, wie die Kirche ihn enttäuschte. Dann kommt er auf die „Christen" zu sprechen. Es wird eine lange Rede. Einer nach dem andern kommt herzu und macht seiner Verbitterung Luft. Einer überschreit sie alle.

Mein Herz ist bewegt. Da muß die Liebessonne

erst das Eis schmelzen. In einem Metzgerladen schenkt man mir eine armlange, dicke Dauerwurst. Mit diesem Prachtexemplar von Wurst besuche ich nach Tagen das Lager wieder. „Wo ist der Mann, der vorige Woche so laut geschrien hat?" „Der ist nebenan!" Einer läuft hin, kommt wieder: „Der will schlafen und nicht gestört sein!" Ich gehe rüber und frage: „Wer von euch hat am lautesten geschimpft?" Da zeigen sie alle auf einen Mann, der anscheinend fest schläft. Da kühlt die Wurst seine heißen Hände. Sofort tritt sie wunderwirkend in Kraft. Stilles Staunen!

„Weil Sie besonders viel gelitten haben und so extra viel Schweres durchlebten, sollen Sie eine Extrawurst haben. Ich weiß, daß Sie sie mit Ihren Kameraden teilen werden", sage ich.

Alle Müdigkeit ist wie weggeblasen. Er erhebt sich. Alle, auch die, die sonst spotten und lachen, nehmen ihre Hocker und setzen sich zu mir. In dieser Stunde geschieht das früher Unmögliche: Alle hören nun wirklich dem Worte Gottes zu und bitten um ein Lied. Ich weiß eines jeden „Geschichte" und verstehe ihre anfängliche Ablehnung.

Der „Wurstbesitzer" zeigt mir Bibel und Losung sowie ein großes silbernes Kruzifix. Sein überkommener Kinderglaube hielt in den Proben nicht durch. „Sie kriegen fünfzig Mark von mir, wenn Sie mich dazu bringen, wieder glauben zu können!", sagt er.

Wir wissen, daß unserem Zeugnis das Überzeugen durch den Heiligen Geist folgen muß. Ich weiß, heute hört ihr Herz zum ersten Mal. Von selbst falten sich die harten Hände. Wir danken – auch für die Wurst. „Zum Abschied bitte noch ein Lied!", höre ich

sagen. Gern singe ich ihnen noch ein Gutenachtlied.
Der Herr aber wirke Frucht auch durch dieses Zusammensein!

Im Oberlicht mit Oberleitung
Herz, Aug' und Ohr auf Dich gericht',
empfang' ich alle Dienstbereitung:
die Liebesglut, das Freudenlicht,
Geduld und herzliches Erbarmen,
ein zeugenmutig Für-Dich-geh'n,
ein fein Gemerk für alle Armen,
die hungernd noch im Schatten stehn.
Als Deine Botin darf ich wandern,
so überfließend reich gemacht,
bis auch im Lichte stehn die andern,
die Deine Gnade heimgebracht.

(Berta Isselmann, nach Ps. 119, 45)

„In Eisenbahn und Omnibus den Heiland man bekennen muß!"

Überfülltes Abteil. Ein älterer Herr spricht mich an, und schon sind wir bei dem einen, „was not tut". „Sind Sie ein Gotteskind?" „Nein", antwortet er traurig, „ich möchte es gern werden." Ich zeige ihm den Weg. Still hören alle zu. Ein Buch von Pastor Modersohn freut ihn sehr. Er bittet um meine Anschrift. Herzlich dankend verabschiedet er sich. Der suchende Hirte geht mit ihm. Als er ausgestiegen ist, klagt ein Mädchen: „Ich bin doch auch ein Gotteskind, ich hätte auch ein Zeugnis sagen sollen."

Der alte Herr schreibt mir später, daß er den Heiland gefunden und den Auftrag habe, mir zu helfen. Da ich gerade ein Paar Männerschuhe Größe 42 brauche, bitte ich ihn darum.

Als Angriffszeichen Blätter in alle Abteile; kein Echo. An einer Umsteigestation verlassen alle „unseren" Wagen. Als ich mich anschicke, ein anderes „bewohntes" Abteil zu suchen, faßt mich der Schaffner am Arm: „Dort hinten sitzt eine trauernde Frau, helfen Sie ihr!"

Ein verzweifeltes Menschenkind sucht Trost. Kraft und Licht schenkt das Wort Gottes. Der leiddurchpflügte Boden nimmt den Samen tief in sich auf. Wir falten die Hände; wortlos drückt mir die Getröstete die Hand und hält sie fest.

Ich sitze in der Ecke des Abteils und ruhe aus. Da wollen die Blätter heraus aus der Mappe. Alle im Abteil nehmen eins an. Eine Frau meint: „Das Christentum ist jetzt modern." Ihre Nachbarin ist ablehnend, und ein Mann wirft mich hinaus. „Werft den Heiland nicht raus, wie mich jetzt, sonst läßt er euch nachher nicht rein!" Die Schriften bleiben liegen.

Alle übrigen Passagiere nehmen stumm ein Blatt – bis zum Dienstabteil. Die jungen Schaffner ereifern sich: „Wissen Sie nicht, daß Sie keine Blätter verteilen dürfen? Die Direktion hat das streng verboten."

Es folgen häßliche Worte über das teure Bibelbuch.

„Wenn aber jemand hier im Zuge sitzt, der Angst vor dem Sterben hat und in meinem Blatt die erlösende Antwort findet? Wo der Tod Eingang hat, darf vom Leben nicht geschwiegen werden. Meist lehnen diejenigen, welche das Verteilen der Schriften verbieten, persönlich Jesus ab. Wie steht's bei euch, könnt *ihr* sterben?"

Erschrocken kommt die Gegenfrage: „Haben Sie eine Bibel?" Fröhlich hole ich nicht nur meine Bibel, sondern auch Koffer und Taschen ins Dienstabteil. Nun bricht ein Fragen auf. Die Schrift antwortet. Wenn sie auf jeder Station kurz unterbrechen müssen, entschuldigen sich die beiden. Sie sind wie verwandelt.

Da poltert ein älterer Schaffner herein: „Ist *das* jetzt eure Arbeit?" „Ja", antworte ich, „jetzt hören wir, was Gott uns zu sagen hat." Er setzt sich, wird aufmerksam. Alle drei horchen und danken sehr herzlich für die entsprechenden Schriften. Das Licht hat gesiegt über alle Finsternis. –

Als die Straßenbahn durch einen Obus abgelöst wird, denke ich: „Nun ist es aus mit Schriftenmission." Aber siehe da, der Sitz des Schaffners am Eingang, an dem alle Reisenden vorbei müssen, begünstigt meine Tätigkeit. Mit Traktaten versehen (ich fahre nie ohne) setze ich mich neben den Schaffner. Er locht die Fahrscheine, und ich gebe jedem Fahrgast anschließend ein Blatt.

Der Obusschaffner fragt: „Woher haben Sie den Mut und die Kraft, so frei Blätter zu verteilen?" Wir lesen Jesaja 43,1: „Und nun spricht der Herr: Fürchte dich nicht, denn ich habe dich erlöst; ich habe dich bei deinem Namen gerufen: du bist mein."

Die Reisenden merken, daß der Schaffner im Gespräch vertieft ist. Sie kommen deshalb in unsere Ecke und lassen sich die Karten dort knipsen. Er gibt mir seine Adresse, damit ich ihm weiter dienen kann.

Als ich wieder einmal in den Obus steige, sagt der Schaffner: „Nun kann Ihr Geschäft losgehen" und nimmt dankend ein Blatt. Auch alle andern sind so aufmerksam, daß ich die Liedblätter verteile, und alle singen mit. Zwischendurch hören sie ein Wort. Es ist wie in einem Gottesdienst.

Trübes Wetter morgens – trübe Stimmung unter den Arbeitern im Obus. Einer sagt spöttisch: „Man müßte singen." Und schon klingt es auf: „Lobe den Herren, o meine Seele." Niemand fällt ein. Nach Schluß der ersten Strophe geht ein Schimpfen los. Da ziehe ich andere Register, und Stille herrscht während der gesungenen Verheißung: „Der Heiland sorgt für dich!" Alle drei Verse kann ich ungestört singen – einige danken sogar.

Offene Türen und Herzen in der Zirkusstadt Liliput

Es sieht vorerst gar nicht nach offenen Türen aus. Rundherum ist die „Stadtmauer" geschlossen. Auch der Zaun um den großen Platz. Da danke ich dem Herrn für die offene Tür. Ein Mann weiß einen Eingang durch einen Gasthof, und schon bin ich mitten in der Märchenstadt.

Eine kleine Dame, ich soll sie Martha nennen, begrüßt mich lebhaft: „Psalm 37,5: ‚Befiehl dem Herrn deine Wege und hoffe auf ihn; er wird's wohl machen' ist mein Konfirmationsspruch; den kann ich nicht vergessen."

Sie führt mich in einen Wagen, wo die kleinen Damen in ihren zierlichen Sesselchen ruhen. Ich setze mich auf den Fußboden, dann bin ich nicht so groß. Alle freuen sich sehr über Testamente, Blätter und Jesusbilder, fragen, ob ich ihnen eine Andacht halten werde. Das besprechen wir mit der lieben Direktorin. „Würden Sie uns eine Andacht halten? Haben Sie für mich ein Neues Testament?" fragt diese. Als ich froh bejahe, sagt sie: „Womit kann ich Ihnen eine Freude bereiten als Dank dafür, daß Sie sich um unsere Seelen kümmern? Wir hören so gern Gottes Wort."

Wir verabredeten die Zeit der Andacht: Mittags, vor der Vorstellung. Anderntags empfängt mich die Direktorin wie eine Freundin: „Sie sind immer so glücklich." Da führe ich sie zur Freudenquelle.

Im Damenwagen warten sie schon. Die liebe Martha schenkt mir ein Foto von allen. In der Manege bereiten die Arbeiter die Vorstellung vor: „Entschuldigen Sie, Schwester, wir sind gleich fertig und hören dann mit zu." Vom Musikpodium eine Stimme: „Wir hören auf zu spielen, wenn Sie anfangen, und bleiben oben."

Langsam sammeln sie sich. Jeder bekommt ein Textblatt der Lieder: die strahlende Wirtschafterin, die liebe Martha, die zierlichen Damen, der winzige Clown, schon angemalt, ein Herr in weiten, glänzenden, goldgelbseidenen Hosen, einige Herren in Zivil, Fritz, Hans, die liebe Teini aus Budapest, die sich besonders freut über ihr Johannesevangelium. Ungarn, Litauer, Jugoslawen, für alle habe ich Evangelien in ihrer Sprache.

Es wird still, niemand spricht mehr; die Manege wird zum Dom. Jesus ist da.

„Ich bin durch die Welt gegangen,
und die Welt ist schön und groß.
Und doch ziehet mein Verlangen
mich weit von der Erde los . . ."

Sie kennen das Lied alle. Leise begleitend singe ich die zweite Stimme.

Der Herr kann unsere kurze Andacht reichlich segnen wie sonst einen langen Gottesdienst. Alle drücken mir beim Abschied dankend die Hand.

Schon außerhalb der Stadtmauer, ruft mir ein Arbeiter nach. Er möchte ein Neues Testament; und noch einer eilt herbei mit derselben Bitte. So gebe ich ihm das letzte. Mein Herz ist voll Lob und Dank und tiefer Freude in der Gewißheit Seines Sieges – auch in Liliput. ·

Wohnwagenmission in einer Großstadt

„Ich will eine feurige Mauer umher sein und will mich herrlich darin erzeigen" (Sacharja 2,9).
„Durch Hilfe eurer Fürbitte für mich, auf daß über uns für die Gabe, die uns gegeben ist, durch viele Personen viel Dank geschehe" (2. Korinther 1,11).

Hundert Wohnwagen mit und ohne Räder, alte Omnibusse, Hüttchen – winzig und winziger: rot, grün, gelb, braun, weiß, blau, in allen Farbtönen, mit und ohne Blumenkästen, einige mit Wolldecken vermummt als Schutz vor dem eisigen Wind. Hunde bellen.

Im Lädchen in der Mitte hält ein Grieche allerlei Waren feil. Er ist sehr dankbar für ein griechisches Evangelium. Gleich links im himmelblauen Omnibus freuen sich Artisten über Schriften, Lied und die Möglichkeit, ihre kirchliche Trauung und Taufe ihrer bald zweijährigen Angelika nachholen zu können. Nebenan freut sich eine kleine Wäscherin über ihr Neues Testament. Sie fürchtet, ihr Mann (ein Ukrainer) wird mich rauswerfen, und staunt dann, als er nach anfänglicher Abwehr bewegt zuhört und später sehr glücklich seine ukrainische Bibel liest.

Als der Besitzer des grauen Wagens Tritte auf dem Treppchen hört, schreit er mich wütend an, während sich meine Schriftentasche in die Türspalte klemmt und Bestes gesucht wird. Ich sage: „Hier ist gerade eine Kellnergeschichte!" Er ruft: „Ich bin doch Kellner." „Da müssen Sie laufend das Kellnerblatt ‚Der Bote' bekommen", sage ich. „Ihre Anschrift bitte?" Rasch sitze ich drin, notiere, singe, sage und sehe ein frohes Gesicht beim Empfang des Neuen Testaments.

Bei einem älteren, leidenden Mann finde ich ein Mädchen. Es wurde von einer gläubigen Pflegemutter erzogen, gehörte zum Freundeskreis des EC und sehnt sich sehr nach ihrem Kind. In wehmütiger Erinnerung singen wir unsere Lieder und haben Gebetsgemeinschaft. Sie möchte mit Jesus neu anfangen.

Von weitem erkennt man schon den „Kascha", meist seine geliebten Hunde auf dem Arm und von

lebhaftem Gekläff umgeben. Während seiner Glanz-
zeit als „Silvia von Valesko" bekannt, trauert er heute
um seine geliebte, im KZ vergaste Mutter. Er kauft
für alle ein, ißt überall etwas mit, trinkt Apfelwein
und weint. Seine Behausung ähnelt einer Hunde-
hütte: ohne Fensterglas und Behaglichkeit. Doch er
hört gern Gottes Wort und liest den Blaukreuzkalen-
der. Jetzt bekommt er laufend die „Rettung".

Eine Anzahl Mädchen mit ungutem „Gewerbe"
freut sich besonders über meinen Besuch. Meist
ohne Liebe aufgewachsen, von Enttäuschungen in
Verzweiflung getrieben, glitten sie haltlos abwärts.
Eine von ihnen hatte eine gläubige Mutter. Sie möch-
ten raus, sehnen sich nach Erlösung und Lösung,
nach echter Liebe und wahrer Freude. Mit Eifer lernen sie Jesus-Lieder, hören sein Wort, weinen, er-
bitten ein Neues Testament, freuen sich besonders
über den eingeschriebenen Spruch und erhalten alle
das Büchlein „Delia": das Zeugnis eines verlorenen,
von Jesus gefundenen Mädchens.

In eines der Hüttchen kann man nur gebückt ein-
treten. Gleich muß man sich setzen, damit man sich
nicht den Kopf an der Decke stößt. Aber die Lieben
hören gern Gottes Wort.

Eine Artistin, die nie die Schule besuchen konnte,
katholisch, entdeckt unter der Verkündigung ihr
evangelisches Herz. Sie bittet mich, in ihrem geräu-
migen, sauberen Wagen Bibelstunde zu halten, am
Mittwoch und am Sonntag. – Es ist kalt. Wir sitzen
um den Herd. Ein Kasten mit heißer Asche wärmt
noch ein wenig. Aus den Nachbarwagen kommen sie.
Ein früherer Meßdiener ist auch dabei. Es geht lebhaft zu. Der Geist Gottes arbeitet. Einmal sind es

zweiundzwanzig Erwachsene und einige Kinder. Wie gespannt sie zuhören!

Etwa 70 Prozent der „Paare" sind verlobt. Täglich werden Männer und Frauen inhaftiert, meist wegen „Holzholens". Sie erhalten dann Briefe und Blätter ins Gefängnis. Auch die Kranken bekommen Grüße ins Krankenhaus. Allen Wagen wurde das „Herzbüchlein" von Großner gebracht. Auch die beiden freundlichen Polizisten, die täglich das Gelände durchstreifen, nehmen „Herzbüchlein" und „Delia".

Ein intelligenter Mann mit vielen Berufen, darunter Sägemüller, Sänger, Clown, Scherenschleifer, suchte Heil in verschiedenen Lehren. Zuerst war er sehr kritisch und wollte mich bei meinem zweiten Besuch rauswerfen. Nun hat der Geist Gottes ihn zur Erkenntnis seiner Sünde geführt und erweckt. Vor einem Monat ahnte er selber noch nicht, daß heute an seinem Wagen ein Schild hängt: „Bibelstunden montags, mittwochs, freitags 19.30 Uhr. Jedermann ist herzlich eingeladen!"

Am liebsten hätte er an jedem Abend eine Bibelstunde, aber andere wollen auch die Botschaft hören, und leider ist nicht genug Platz für alle in seinem Wagen. Auch seine Frau ist sehr aufgeschlossen für das Wort.

So ist überall viel Aufnahmebereitschaft. Und doch ist es für jeden einzelnen in dieser Umgebung besonders schwer, ein neues Leben anzufangen, weil Sünde und äußere Not sich hier zusammenballen. Darum muß unser Freundeskreis weiter beten, daß Sünder überwunden, aber auch Auswege aus diesen Verhältnissen gezeigt werden. Wie gut, daß die Burg Satans auf des himmlischen *Vaters* Grundstück steht!